Colette Soler

Comentário à "Nota Italiana" de Jacques Lacan

Tradução de FRANCISCO PAIVA *e* LIA SILVEIRA

Copyright © 2024 por Aller Editora.
Título original: *Commentaire de la "Note Italienne" de Jacques Lacan.*
© Edizioni *Praxis* del Campo Lacaniano

Publicado com a devida autorização e com todos os direitos,
para a publicação em português, reservados à Aller Editora.

É expressamente proibida qualquer utilização ou reprodução do conteúdo desta obra, total ou parcial, seja por meios impressos, eletrônicos ou audiovisuais, sem o consentimento expresso e documentado da Aller Editora.

Editora	Fernanda Zacharewicz
Conselho editorial	Andréa Brunetto • *Escola de Psicanálise dos Fóruns do Campo Lacaniano* Beatriz Santos • *Université Paris Diderot — Paris 7* Jean-Michel Vives • *Université Côte d'Azur* Lia Carneiro Silveira • *Escola de Psicanálise dos Fóruns do Campo Lacaniano* Luis Izcovich • *Escola de Psicanálise dos Fóruns do Campo Lacaniano*
Tradução	Francisco Paiva e Lia Silveira — tradução desenvolvida no âmbito do trabalho do cartel intercontinental e bilingue do CAOE com o tema "O analista como produto da análise e seu laço com a Escola" com Claire Parada (FCL-France); Francisco Paiva (FCL-Fortaleza); Diego Mautino (FCL Italia); Kristèle Nonnet-Pavois (FCL-France) e Lia Silveira (FCL-Fortaleza)
Revisão técnica	Fernanda Zacharewicz e William Zeytounlian
Preparação de texto	William Zeytounlian
Diagramação	Sonia Peticov
Projeto de capa	Rubens Lima
Capa	Wellinton Lenzi

1ª edição: maio de 2024.

Dados Internacionais de Catalogação na Publicação (CIP)
Ficha catalográfica elaborada por Angélica Ilacqua CRB-8/7057

S672c   Soler, Collete

        Comentário à "Nota Italiana" de Jacques Lacan / Colette Soler; tradução de Francisco Paiva e Lia Silveira. -- São Paulo: Aller, 2024.
        192 p.

    ISBN 978-65-87399-66-9
    ISBN 978-65-87399-68-3 (livro digital)
    Título original: *Commentaire de la "Note italienne" de Jacques Lacan.*

    1. Psicanálise 2. Nota Italiana. Lacan, Jacques, 1901-1981 – Comentário I. Título II. Paiva, Francisco III. Silveira, Lia

24-1907   CDD: 150.195
                                                                           CDU 159.964.2

Índice para catálogo sistemático
1. Psicanálise

Publicado com a devida autorização e
com todos os direitos reservados por

ALLER EDITORA
Rua Havaí, 499
CEP 01259-000 • São Paulo — SP
Tel: (11) 93015-0106
contato@allereditora.com.br

 Aller Editora • allereditora

Sumário

11 de novembro de 2007	5
10 de dezembro de 2007	29
28 de janeiro de 2008	51
11 de fevereiro de 2008	73
17 de março de 2008	95
14 de abril de 2008	117
24 maio de 2008	141
16 de junho de 2008	163

AULA 1

11 de novembro de 2007

As razões de uma escolha

Escolhi para o seminário de leitura deste ano a "Nota Italiana", de 1973 que podemos encontrar desde 2001 no volume dos *Outros Escritos*[1].

Faço uma pequena introdução, pois eu me perguntei: por que eu teria escolhido esse texto? Porque escolho sempre sem refletir – aplicando o princípio freudiano de que é inútil refletir.

Existem muitas razões. Há uma na superfície: é um texto muito curto, então passaremos um ano em suas duas folhas e meia. Noto uma vantagem , em primeiro lugar em relação ao que eu experimentei no ano passado, onde eu tomei um texto muito longo que era o seminário *A angústia*, que é apaixonante, mas que me obrigou a inumeráveis omissões. Com um texto como este, nós podemos esperar, no decorrer de um ano, lê-lo linha a linha.

---

[1] LACAN, Jacques. "Nota italiana". In: *Outros escritos*. Trad. Vera Ribeiro. Rio de Janeiro: Zahar, 2003, p. 311-315.

Além do mais, espero que todos vocês o leiam muito atentamente porque ele é muito curto. Assim, mesmo com pouca disponibilidade, todos poderão fazer isso.

Uma segunda razão é que se trata de um texto que eu considero bastante típico da maneira que Lacan, fora de seus seminários e de seus *Escritos*, mistura, entrelaça, enoda, se preferirem, desenvolvimentos extremamente nítidos sobre a psicanálise e, ao mesmo tempo, os desenvolvimentos sobre a política institucional. É um texto político, sem dúvida nenhuma, e, em geral, no total, se olharem todos os textos a partir da "Ata de fundação"[2], de 1964, quase todos eles têm essa característica de entrelaçar os dois tipos de desenvolvimento. Então, acho que isso tem sua importância, não apenas em absoluto, no geral, pois nos indica algo de Lacan, de sua própria perspectiva, ao que se acrescenta que, além disso, tem uma importância atual para os psicanalistas de hoje. O entrelaçamento do analítico e do político é, atualmente, uma dimensão extremamente elidida no discurso, não direi dos analistas — não podemos dizer dos analistas —, mas de muitos analistas. Vocês já devem ter ouvido isso, porque isso é dito, redito, repetido, como uma autojustificação: "Meu Deus, existe a psicanálise, sua clínica e sua prática", é um negócio sério, mas, além disso, também existe a política, que fica do outro lado. Lacan qualifica esse dito, em algum lugar, como *Verleugnung*, desmentido. Isso basicamente é... uma ideia falsa. Talvez haja

---

[2] "Ata de fundação", *idem*, p. 235-247.

aí um desmentido, não vou entrar nessa questão, mas é uma ideia falsa pelo fato de que a análise tem, por si mesma, um alcance político. Aliás, que a análise tenha um alcance político, isto está implícito na própria noção de discurso analítico. Assim, temos presenciado coisas bastante cômicas de um certo ponto de vista, colegas que eventualmente se excedem sobre o discurso analítico não percebendo que dizer "discurso analítico" — ou seja, um tipo de laço social com incidência e presença entre os outros laços sociais — já equivale a dizer que a psicanálise, como prática, é política.

Portanto, me ocorreu que um texto que nos permite redescobrir essa dimensão extremamente presente em Lacan poderia nos ser útil hoje.

Há outro tema que atravessa. Há cerca de dois dias, eu conversava com um prezado colega que me falava de Lacan do seu ponto de vista. O problema, segundo ele, era que Lacan tinha na IPA um inimigo, que esse inimigo era mais habilidoso que ele e que é por isso que ele se viu expulso. Ele então me contou esta história, um lado que existe em toda história, que é um ponto de vista muito reduzido: que a política, mesmo a mais nobre, seja conduzida por indivíduos, e, por isso, carregue a marca dessas individualidades, podemos concordar com isso. Mas é improvável que a política se reduza a isso. Seria só uma questão de pessoas? Há outra tese possível que não exclui a primeira, mas também temos razões para pensar que as confusões, os avatares do mundo analítico não são alheios às dificuldades que o ato analítico apresenta aos analistas. Me deparei com um texto de Lacan em que ele fala do peso que os analistas têm que suportar — este é um termo forte — em seu trabalho como analistas. Ele não está falando de terapias, está falando dos analistas. Ele sublinha, cito-o, a dificuldade que representa para eles o "sustentar a carga". Obviamente não podemos considerar que este ponto esteja ausente das políticas dos grupos analíticos e dos discursos que se fazem sobre a política da psicanálise.

Tudo indica que, por toda parte, há tentações para se livrar do peso. Portanto, a questão é saber, neste debate, sobre a implicação política da psicanálise, se no fundo não se trata disso que Lacan chamou em outro momento de "horror do ato"? Falar em dificuldade, falar no peso, vai na mesma direção. Não seria o "horror do ato" a principal, não a única, mas a principal chave da política interna ao movimento analítico? Ao que devemos agregar também a dimensão da relação do analista com o discurso de sua época. Quando falamos em política, cobrimos todo esse campo.

Há muito tempo que Lacan já tinha percebido algo assim, houve uma época em que ele o disse em termos concretos. Ele denunciou analistas que só pensavam em se jogar nos braços da psicologia. Era uma época em que ainda se acreditava na psicologia, nas universidades, acreditava-se mais nelas do que se acredita agora, devo dizer. Então, de quem ele estava falando? Ele se referia a Daniel Lagache, que empreendeu todo um esforço para demonstrar que os conceitos da psicanálise e da psicologia poderiam estar de acordo. Pois bem, já não lemos mais Lagache, aliás acho que nem estamos errados, pois não há muito para se ler. Hoje, tenho a impressão de que nenhum psicanalista pensa em se lançar nos braços da psicologia. Contudo, jogar-se nos braços das psicoterapias, bom, isso sim. Eu não desenvolvo esse ponto, trago-o aqui apenas como questão preliminar.

Passo para uma terceira razão que me fez escolher esse texto. Ela está ligada ao que acabo de dizer. É que me parece que neste texto, como em outros, mas neste texto em particular, podemos realmente ver de maneira precisa qual era a postura de Lacan em relação a essas questões. Isso obviamente nos interessa porque podemos tirar daí algumas reflexões, agora que sabemos o que ele obteve por essa posição, tanto seus fracassos, como seus sucessos.

Esse texto se coloca em uma conjuntura precisa, em que ele precisava responder a uma questão, a uma demanda. A demanda era simples, posso formulá-la como introdução: três analistas na Itália queriam criar uma Escola Freudiana Italiana. Obviamente, estamos em 1973, eles não podem se dar ao luxo de fazê-lo sem a aprovação de Lacan, sem Lacan dizer algo, opinar e apoiar. É divertido imaginar o que o psicanalista da *Realpolitik*[3] teria respondido — não estou lhe dando um nome, cada um vai dar o nome que achar melhor —, o psicanalista da *Realpolitik*, como se diz agora — vocês sabem que dizem

---

[3] Nota dos tradutores: *Realpolitik* (do alemão "política realística") refere-se à política baseada principalmente em considerações práticas, em detrimento de princípios ideológicos, éticos ou morais. O termo é frequentemente utilizado de forma pejorativa, indicando tipos de política que privilegiam a aquisição ou ampliação do poder.

isso sobre o Sarkozy —, mas podemos aplicar também a certas posições de analistas. O que ele teria respondido? A *Realpolitik*, no fundo, consiste em um certo pragmatismo no cálculo dos interesses, das relações de forças, para, em seguida, negociar. Não sei se podemos responder à pergunta: qual seria o contrário, existe uma palavra na língua para dizer o contrário de *Realpolitik*? A *Idealpolitik*? A coisa não flui, é impressionante que não haja um termo que venha imediatamente, é um sinal, sem dúvida porque estaria fadado ao fracasso.

Assim, a postura de Lacan me parece absolutamente interessante. No seminário *Mais, ainda*, ele fala do seu "Não quero saber nada disso", partindo da ideia de que para todo sujeito existe um "Não quero saber nada disso". Ele fala do seu "Não quero saber nada disso" e acrescenta "mas o meu 'Não quero saber nada disso' não é igual ao de vocês [...]"[4]. Qual era o "não querer saber nada disso" de Lacan? Talvez a resposta não esteja completamente no que vou dizer, mas tenho certeza de que há algo disso, é "Não quero saber nada da *Realpolitik*". Certamente ele não utiliza esse termo, claro, e tampouco ele não é apragmático, mas acredito que haja algo assim, voltarei a isso.

Além disso, há um quarto motivo, que é de interesse puramente pessoal, é que há neste texto uma afirmação que não entendo e, portanto, é estimulante para mim ver se, falando ou ouvindo vocês, conseguiremos esclarecê-lo juntos.

---

[4] LACAN, Jacques. *O seminário, livro 20: Mais, ainda.* Trad. M.D. Magno. Rio de Janeiro: Jorge Zahar Editor, 1985, p. 9.

Aspectos institucionais

Dedicarei a sessão de hoje, especificamente, aos aspectos institucionais do texto. Portanto, deixo de lado os desenvolvimentos e avanços teóricos que há nele. Gostaria de comentar, e mesmo de interpretar, a resposta que Lacan dá. Se você observar o texto, ele é pontuado repetidamente com a frase relativa ao que ele chama de grupo italiano. Atenção: pedem a ele uma Escola italiana e ele, em seu texto, não se refere a uma escola italiana. O que há é um grupo italiano e Lacan se refere a eles assim, várias vezes, que é o que eles são no momento em que a questão se coloca. O texto volta a esse termo várias vezes. Todo o primeiro parágrafo, sobre o qual eu gostaria de me deter no comentário de hoje, fala de "grupo italiano".

Uma palavra sobre a construção do texto. Encontramos — na metade da página 311 — uma frase sobre o grupo italiano, onde ele propõe a esse grupo, caso queira criar alguma coisa, que admita como membros aqueles que passaram pela prova do passe. Ele diz: recrutamento de membros pelo passe. Coisa que, na época em que Lacan o diz, nunca acontecera, e tampouco aconteceu depois. Houve, em uma certa Escola, o que se chamava de "passe de entrada", mas isso não tinha nada a ver. Lá, Lacan não diz "passe de entrada"; o que ele diz é: se alguém faz o passe e, se esse alguém é nomeado AE, então ele será membro da Escola que desejam na Itália. Quer dizer: é esse analista que fará existir a Escola. Está na metade da página 311.

Outra alusão ao grupo italiano encontra-se na página 312, onde ele indica o que deveria ser o objetivo desta Escola, o que supõe algumas considerações sobre o passe que ele ainda não tinha feito. O objetivo desta Escola poderia ser que funcionassem como praticantes — isso é, praticantes da análise — somente analistas, que seus membros não funcionassem como praticantes da psicanálise, mas, sim, como analistas. Voltarei a esta tese.

Em seguida, há duas páginas em que Lacan os aconselha, em primeiro lugar, a se referir à Escola Freudiana de Paris, ao passe e ao que se passa, e então, a se basear na experiência da EFP. Ele acrescenta desenvolvimentos partindo da experiência da EFP "...onde instituí — diz ele — o passe". Segue-se então uma página para dizer como isso funciona, segundo ele. E a queda de que ele fala na página 313, ele fala dela ao grupo italiano para lhes sugerir que façam melhor; a expressão não é exatamente essa, mas é essa a ideia. Partam da experiência da EFP, vamos ver o que se passa e, no final... tentem fazer melhor. Obviamente, no entremeio, há considerações sobre um analista, com o artigo indefinido — voltarei a isso.

Em seguida há uma frase, estranha à primeira vista, que marca uma quebra no texto, que parece sair da conjuntura em que se situa o texto. Ele diz: "Articulo agora as coisas para as pessoas que me ouvem"[5]. Eu digo que é uma frase curiosa... com quem ele estava falando até então? Com pessoas que ele supunha não o escutarem?

---

[5] LACAN, Jacques. "Nota italiana". In: *Outros escritos*. Trad. Vera Ribeiro. Rio de Janeiro: Zahar, 2003, p. 314.

Se eu falo com vocês por uma hora e, no final, eu lhes digo, bem, "agora eu quero falar com aqueles que me escutam", tem uma questão aí. Voltaremos a isso, mas, enfim, isso marca uma ruptura no texto e, de fato, abre um novo desenvolvimento. Sobre quê? Sobre o resultado da análise. Descolamos da atualidade do diálogo com os italianos e passamos aos resultados da análise, sobre quais podem ser eles, sobre as suas gradações possíveis e sobre sua repercussão em relação ao lugar da psicanálise na época — isso vai da página 314 até o fim.

Enfim — e este é o final do texto, as três últimas linhas —, Lacan lança uma nova carta, no fundo, dirigida aos italianos, relativa aos arranjos práticos daquilo que ele lhes propõe. Ele havia dito: entrar-se-á pelo passe, inspirem-se na Escola Freudiana para fazer melhor, e então passa para os arranjos práticos. Quais são eles? Bem, ele propõe aos três — de fato eles eram três —, à trípode, que sejam passadores para dar início à experiência; que sejam os passadores "até nova ordem", diz ele, "já que o grupo só tem esses três pés"[6]. Isso faria, portanto, três passadores. O que não é dito, mas que é imediatamente legível e indubitavelmente possível? É que o Júri, o único possível, seria o da EFP de Paris, claro, e de fato era um dispositivo que poderia — comentarei esse "poderia" —, poderia ter dado à luz, a partir de uma primeira Escola, a uma segunda Escola, não é mesmo? Havia apenas uma na época, que era a EFP. Como dar à luz uma outra, já que,

---

[6] *Idem*, p. 315, último parágrafo.

para Lacan, dar à luz uma Escola não é dar à luz a uma associação, a um grupo?

Em seguida ele propõe esse dispositivo: os três que aí estão, passadores, o Júri, o de Paris e os nomeados, constituiriam os primeiros membros de uma possível Escola Italiana, correndo o risco, diz ele, "de que não o haja". Isso está na primeira página. Ele não lhes diz apenas: "Sejam passadores". Ele diz: "proponho a vocês que sejam passadores" dessa experiência possível. Mas não é só isso, há também o que aparece na página 313, no trecho em que fala aos passadores. É como se ele dissesse: "sejam os passadores à condição de serem passadores que não se desonrem, como é o caso na EFP". Acho que vocês viram esse trecho, eu acho, é na página 313, ele diz que na EFP — estamos em 1973 — os passadores se desonram "ao deixar a coisa incerta". Ao deixar o que incerto, o que é isso que os passadores deixam incerto ou sobre o que eles não se pronunciam? Eles se desonram por não se pronunciarem de maneira precisa sobre a questão de saber se há analista quando escutam um "passe", se há ou não do analista [*d'analyste*]. Retomarei esse comentário detalhadamente. Por enquanto, apenas extraio dele o que diz respeito às consequências institucionais.

Lacan diz então: "o grupo italiano ganharia ao me seguir", ganharia "um pouco mais de seriedade do que aquela a que chego", "passadores que não se desonr(ari)am deixando a questão incerta", isso seria sério, e vocês conseguiriam mais do que eu ganho com a minha prudência.

Comentário duro, não é? É um desafio que é lançado aí, algo da ordem do "vocês querem a Escola? Tudo bem, mas aqui está a tarefa que os espera". Que relação isso tem com a prudência de Lacan, a que ele chama de "minha prudência", já que ele basicamente imputa o que ele acha que não funciona no dispositivo da EFP à sua prudência, e não apenas aos passadores que se desonram? Qual é a sua prudência? Pessoalmente, vejo apenas uma resposta possível sobre este ponto. É que na Escola Freudiana de Paris (como em nossa Escola, aliás) Lacan pôs, propôs, que os passadores fossem nomeados pelos AMEs. E nesse caso aí, os três, por quem eles são nomeados? Não são designados pelos AMEs, são designados pelo próprio Lacan — direi uma palavra sobre isso.

Em várias ocasiões, Lacan pôde dizer, e mesmo muito precisamente: "os AMEs dos quais depende o passe". O passe depende dos AMEs mediante a nomeação de passadores. Recordo-o para esclarecer por que ele usa o termo "prudência". Ou seja, os AMEs eram aqueles já instalados há muito tempo na prática analítica, aqueles que se chamavam na época "os notáveis da Escola". E por que se trata de prudência? Porque confiar a eles a designação de passadores era dar-lhes um papel e também implicar todos esses AMEs, todos esses analistas experientes que atravessaram anos de prática, mesmo que o dispositivo do passe não visasse — isso foi destacado frequentemente — especialmente garantir justamente os praticantes. Lacan queria ter como alvo as análises que acabavam de terminar... Portanto, acredito que sua prudência era isso, o fato de ter confiado a designação dos passadores aos AMEs, que provavelmente não haviam compreendido sua finalidade.

Faço outro comentário sobre este mesmo ponto. Quando propõe que eles sejam passadores, é necessário observar que Lacan indica que ele não estava apegado a sua primeira definição de passador. Nós fazemos comentários intermináveis sobre o que é um passador segundo os textos de Lacan, mas aí ele o diz em ato. Nos textos ele dá uma definição de passador precisa: alguém que está em um momento preciso da virada de sua análise, que ainda não saiu da virada e que, portanto, deve ser capaz de ouvir aquele que acaba de encontrar a via da saída... Pois bem, aí ele não coloca todas essas condições. Os três com quem ele fala, eles já são analistas, ele os conhece, ele diz: "vocês serão os passadores". Digo isso para destacar que Lacan não tinha, acerca do perfil do passador, uma única ideia possível, uma ideia que ele não pudesse ajustar em função do tempo, das necessidades.

Temos então um modelo, um modelo que nos é dado para o parto de uma nova Escola a partir de uma primeira.

Interrompam-me se eu estiver indo muito rápido. De todo modo, vou dar-lhes um tempo de uso da palavra.

Poderíamos razoavelmente pensar que Lacan acreditou que isso pudesse funcionar? Eu devo dizer que não acredito nisso. Aqui, cada um pode fazer suas suposições. Enfim, reconheçamos, Lacan nessa época conhecia muita gente, ele conhecia a situação das comunidades analíticas... Não creio que ele propusesse este modelo de criação de Escolas como um modelo pragmático, que pudesse realmente funcionar. Então, qual é o sentido dessa pseudo-oferta? Qual é o sentido de lhes propor aquilo, principalmente numa época em que Lacan não podia ignorar que seu Júri do passe admitia cada vez menos gente? Quando ele diz "correndo o risco de que não o haja", ele sabe o que está dizendo. Qual é o sentido dessa resposta bastante política? Perguntei-me: o que teria dito o homem da *Realpolitik* sobre isso? Eu acho que ele teria dito "Bacana! É uma proposta de extensão do perímetro de minha influência, vamos lá!" Isso é *Realpolitik*? "Por que ele abriria mão da possibilidade de expandir sua Escola?" Lacan obviamente não dá a resposta da *Realpolitik*. Ele dá uma resposta que creio se apoiar no plano de fundo do diagnóstico — que ele já tem feito nessa época — do funcionamento do passe no EFP, com o qual nós vimos que ele não estava satisfeito, ele achava que não funcionava bem, ainda que a situação não fosse dramática.

É com base nesse diagnóstico que ele está dizendo — é a minha interpretação — que se não fizerem uma Escola que funcione melhor que a de Paris, não vale nem a pena criá-la. Daí o tema recorrente "façam melhor"; se vocês quiserem fazer, façam melhor. Isso reforça minha ideia do que muitas vezes chamei de "extremismo de Lacan", seu "não quero saber nada da *Realpolitik*". Ele sabia algo sobre ela, mas não era a partir daí que ele fazia seu cálculo, indicando assim, além disso, que a Escola não é um simples acréscimo institucional ao seu ensino, mas que lhe é inerente.

Intensão, extensão

Assim, vejo aí pelo menos o sinal seguro de que, para Lacan, a expansão do perímetro de influência de sua pessoa, de seu nome e de seu ensino, não era seu objetivo. A expansão não era seu objetivo; ele mesmo, vocês sabem, introduziu a distinção entre as duas noções: psicanálise em intensão e psicanálise em extensão. Mas atenção: extensão da psicanálise não é expansão. Expansão é um termo geográfico: os parisienses podem tornar-se a França, e depois, a Europa, e depois, o mundo, etc. é isso a expansão. É algo geográfico e isso foi ilustrado principalmente por todas as colonizações religiosas ou econômicas. Ademais, não foi ele quem inventou o par intensão-extensão. É um par que se utiliza de forma bastante clássica, no que diz respeito aos conceitos, para definir como intensão o tipo de apreensão de um conceito, aquilo que um conceito abrange e, pela extensão, a medida do alcance de sua apreensão. Quando ele aplica o par intensão-extensão à psicanálise, é para dizer: intensão é a psicanálise pura, como ele diz na "Ata de fundação", em particular a análise didática, seus resultados, a que ela conduz etc. A extensão é a questão da disseminação, não dos analistas, mas do discurso analítico. No fundo, o que há na sua resposta é: expansão sim, se for para a extensão do discurso analítico, que, segundo ele, depende da análise do analista e de sua avaliação no passe.

Bom, talvez vocês tenham ouvido dizer que Lacan era politicamente um incapaz. E também, tenho ouvido isso muitas vezes — não de muitas pessoas, mas de algumas —, que Lacan teria sido grande na psicanálise, mas politicamente, não. A questão toda é: há uma política de Lacan, na qual ele em nada foi incapaz, que é justamente a de recusar — e isso sem exceção em todo seu itinerário — uma expansão que não lhe parecesse uma extensão da psicanálise. Parece-me que não há exceção a essa orientação em tudo o que ele fez.

Às vezes, e isso me diverte — com certeza vocês já ouviram, corre por toda parte, na imprensa, no rádio etc. —, qualifica-se Lacan como um "mundano". Bom, nesse caso é um mundano que se recusa a se notabilizar no mundo.

Ao responder-lhes como o faz, ele se recusa a notabilizar uma Escola Freudiana na Itália e diz-lhes, vamos lá, vocês entenderão a ironia: "se o que vocês querem é a extensão da psicanálise, provem-na, provem-na pelo dispositivo que lhes proponho."

O assento/sede [siège] do discurso analítico

Isso me leva de volta ao primeiro parágrafo, onde há frases que não entendi na primeira leitura: "O grupo italiano tem a seu favor ser trípode. Isso pode bastar para fazer com que nele nos sentemos."[7]

Essa primeira frase não causa dificuldade, ele chama o grupo italiano de "trípode", ele não diz tripé, mas trípode, devido ao fato de eles serem três. Um trípode, acompanho o texto, "isso pode bastar para fazer com que nele nos sentemos" [qu'on s'assoie dessus]. Se as orelhas de vocês estiverem boas, irão perceber a ambiguidade:

---

[7] *Idem*, p. 311.

quando se diz "eu sento nele" [*je m'assoie dessus*], isso quer dizer "eu o desprezo, eu não o levo em conta". Mas daí ele comenta sobre a outra vertente do equívoco, ao acrescentar na segunda frase "para [assediar o] discurso psicanalítico"[8]. Aí também há uma equivocação do termo "sede" [*siège*]: pois "*faire le siège*" é "assediar" no sentido que Lacan disse: Freud assediado por seus analisantes. Mas a ideia, a significação principal, independentemente das ressonâncias, é de "fazer o assento" do discurso psicanalítico. E é hora de colocá-lo à prova — eu dizia "provem-no". O uso decidirá sobre seu equilíbrio, veremos se essa trípode se sustenta sobre seus três pés de tal modo que possamos assentar sobre ela alguma coisa. E o que se trata de assentar não é um grupo, mas uma Escola.

Vocês veem que nessas duas primeiras frases já temos — implicitamente, não é o significado acentuado — a oposição entre o grupo e o discurso analítico. Ao longo de todo o texto, ele diz "o grupo analítico". E o que é preciso colocar à prova com este grupo é saber se podemos ter aí uma sede, um assento para o discurso analítico. Oposição bem conhecida em Lacan entre o grupo e aquilo para que o grupo é feito, ou seja, se ele é feito para abrigar os analistas ou para assentar o discurso analítico? É uma oposição que se encontra em muitos textos de Lacan.

---

[8] Nota dos tradutores: a versão oficial do texto publicado no Brasil traduziu "*faire le siège*" por "assentar", mas aqui preferimos usar "assediar" para deixar mais clara a equivocidade a que a autora se refere.

Pensar com os pés

Comento para vocês as cinco linhas que se seguem e depois passarei a palavra para as perguntas, porque talvez vocês não tenham lido da mesma forma que eu.

Surpresa, pelo menos para mim, quando li as duas primeiras linhas, chego a isto: "Que ele pense 'com os pés', eis o que está ao alcance do ser falante, desde o momento do primeiro vagido"[9]. O que é que isso faz aí, qual é a lógica que associa as primeiras quatro linhas a essa? Encontramos a resposta no que vem depois, mas é preciso primeiro comentar "que ele pensa 'com os pés'..." É uma tese: na contramão do que todo mundo pensa, para Lacan, a gente não pensa com a cabeça, "a gente pensa com os pés", diz ele. Toda a questão é saber se pensamos para nutrir a mentalidade ou se pensamos para a ação, não é mesmo? Ou seja, se pensamos para caminhar, para avançar e, se possível, na boa via? Pensar com os pés remete a um pensamento prático, pensamento orientado para a ação, não para elucubração, eu creio. Vocês sabem que são expressões que Lacan vem produzindo desde o início de seu ensino. Ele fala da via que ele traça, da trilha [*frayage*][10], vocês vão me seguir na minha trilha, aliás,

---

[9] LACAN, Jacques. "Nota italiana". In: *Outros escritos*. Trad. Vera Ribeiro. Rio de Janeiro: Zahar, 2003, p. 311.
[10] Nota dos tradutores: Keylla Barbosa, em sua tradução de um artigo de Sidi Askofaré, faz alguns esclarecimentos interessantes quanto a essa palavra. "*Frayage*", segundo ela, "significa *traçar ou abrir um caminho, uma trilha*. É muito usada no contexto da agricultura para fazer referência ao traço deixado pelo arado. Nas obras completas de

ele usa a expressão quando lhes diz que "é preciso assegurar que só haja analistas que funcionem como analistas"[11]; ele diz "gostaria de trilhar aqui essa via"[12], é uma expressão que sempre surge. Então, pensar com os pés, creio eu, o que justifica a expressão, é essa ideia de que não se pensa por pensar, que se pensa em função de uma certa operatividade.

Leio as três linhas que se seguem: "Mas faremos bem em considerar estabelecido, no ponto atual, que voto [*voix*] pró ou contra é o que decide quanto à preponderância do pensamento, caso os pés marquem um tempo de discórdia"[13]. Há, portanto, dois pensamentos, um que passa pelos pés, e que às vezes pode emperrar, caso os pés marquem a discórdia. Neste caso, quando há discórdia entre os pés, quando não se sabe para onde ir, quando o pensamento não está orientado, o que resta para, ainda assim, decidir? Vou introduzir um termo que ele não diz, mas me parece latente. Resta a democracia: voto pró ou contra. Quando um pensamento está orientado, ele sabe para onde está indo e outros podem segui-lo. Do contrário, de fato — e o vemos o tempo todo hoje em dia —, resta o voto pró ou

---

Freud em francês, '*frayage*' é a tradução da palavra *Bahnung*, utilizada pelo autor em seu *Projeto para uma psicologia científica* e usada para designar um certo tipo de marca ou memória produzida nas barreiras de contato neuronais devido a passagem recorrente da excitação sensorial". ASKOFARÉ, Sidi. "Com Lacan... Ou ser seu contemporâneo". In. *Revista Lacuna*, n.8, dez. 2019, n. 4. Disponível em: https://revistalacuna.com/2019/12/08/n-8-07
[11] LACAN, Jacques. "Nota italiana". In: *Outros escritos*. Trad. Vera Ribeiro. Rio de Janeiro: Zahar, 2003, p. 312.
[12] *Idem, ibidem*.
[13] *Idem*, p. 311.

contra para decidir o pensamento que prevalece. O voto democrático, onde não há um pensamento que trilhe uma via, é uma metáfora extremamente insistente em Lacan. Aqui está minha leitura dessas cinco linhas, esta é a alternativa implicitamente traçada: "ou o pensamento orientado com os pés, ou a maioria democrática". Isso nos diz algo, não acham? Mesmo porque, o que está acontecendo em toda parte agora? Por falta de outra bússola, votamos, e o número passa a ser o que decide. Nós votamos, e o número passa a ser o que decide. É engraçado pois estamos em 1973, e foi em 1980, quando ele dissolveu sua Escola, que parte dos seus membros recorreu à democracia associativa. Vocês conhecem esse episódio, parte de sua Escola lhe diz "mas você não pode dissolver sua Escola", a democracia exige que ela seja ou não dissolvida por um voto democrático. Evidentemente Lacan não havia decretado a dissolução da Associação, ele decretou a dissolução da Escola, segundo a definição que se dava a ela. Deixo de lado a historieta e suas paixões, mas depois foi preciso talvez um ano, um ano e meio ou dois, não me lembro, para obter a dissolução da Associação, que acabou sendo votada por maioria. Isto é para lhes dizer que há muitas coisas, ressonâncias dos termos que ele emprega. De todo modo, aí está como eu leio esses primeiros parágrafos.

Discussão

Eu tentei cobrir aqui a construção principal da questão institucional, mas de agora em diante estou mais interessada nos outros avanços. De certa forma, eles estão ligados a ela, mas vamos nos demorar mais nestes, lendo-os linha por linha. É isso. Por ora, o que me dizem vocês?

Pergunta: Qual foi o destino do grupo na Itália?
Resposta: Adivinhe... dispersão. Houve uma multiplicação de grupos. Que eu saiba não temos respostas escritas dos três, da trípode. Óbvio que houve muitas reações, muitas coisas, mas que eu saiba, não há textos. Em todo caso, jamais chegaram sequer a funcionar.

Pergunta: Esses três existem, você os conhece?
Resposta: Claro que existem, eles não estão mortos, mas eles não conseguiram se entender entre si. Eu não vou fazer uma história da Itália... e eles também não conseguiram criar um grupo italiano, porque, no final das contas, eles poderiam ter decidido criar um grupo italiano e chamá-lo de outra coisa que não "Escola Freudiana". Atualmente tampouco estão no mesmo grupo, um deles parece até mesmo ter sumido da psicanálise.

Como vocês interpretaram essas primeiras linhas, esses primeiros parágrafos: "Que ele pense 'com os pés', eis o que está ao alcance do ser falante, desde o momento do primeiro vagido"? Apliquemos isso à criança, a criança bem pequena. Ela pensa com os pés. Na verdade, como saberíamos que ela pensa alguma coisa, essa criancinha pequenina, se, começando a falar, isso não lhe servisse para se orientar no seu espaço, começando pelo espaço do seu quarto, da sua casa etc.? É ao nível da locomoção do corpo dessa criança que começamos a perceber se ela pensa algo pragmaticamente útil. Não pedimos que ela explique o que pensa, avaliamos. O pensamento tem consequências de conduta, de comportamento. Isso é o que Lacan chama de "pensar com os pés".

Assim, obviamente, quando se pensa com os pés, o que é que se trincha do pensamento[14]? Saber se esbarramos na parede ou em um móvel talvez seja a primeira coisa que se trinche, não o voto a favor ou contra.

Pergunta: Como é convocada a dimensão do corpo?

Resposta: "Pensar com os pés" convoca o corpo. O sujeito puramente suposto ao significante não tem corpo. É exatamente o problema desta entrada na teoria de Lacan, é um sujeito suposto do qual nada se pode dizer senão: ele está aí [*il est là*]. Está aí como uma sombra lançada pela articulação significante etc., mas, mesmo assim, no pensar com os pés está a dimensão do movimento da ação que supõe o corpo.

Pergunta: Na linguagem cotidiana existem expressões como "estar de pé nas suas botas".

Resposta: "Estar de pé nas suas botas", sim, mas quando se está "de pé nas botas" não se vai longe, fica-se de pé. Quem disse isso o fez precisamente porque naquele momento ele não tinha esse "pensar com os pés" para saber onde colocá-los e como avançar para não se

---

[14] Nota dos tradutores: a palavra utilizada pela autora é *tranche*. *Trancher* pode significar "dividir", "cortar". No sentido literário, "interromper a continuidade de algo". E no sentido coloquial, "resolver uma situação difícil com uma decisão enérgica e final". Sua etimologia remete ao latim vulgar *trinicare*, "cortado em três", do latim clássico *trini*, "três".

chocar contra um muro[15]. Não acho que Lacan esteja pensando em postura [*stature*]. Ele fez outros desenvolvimentos que vão na direção do que você diz, no da postura: começa com o estádio do espelho, a posição vertical do ser humano, da criança que se antecipa, passando depois pelo tema da estátua [*statue*] onde se fica erguido, indo no final até a imagem do escabelo, cada um se faz um escabelo, quer dizer, procura elevar-se para se promover com este pequeno instrumento que chama escabelo. Portanto, é um tema que está presente em Lacan, mas não vejo que ele esteja sendo convocado aqui. Se trata, na minha opinião, é de um pensamento que abre trilhas, que abre caminhos.

Pergunta: Também dizemos "bobo como seus pés".

Resposta: Sim pois, se dizemos "besta como seus pés" na linguagem cotidiana, é para dizer, realmente, que se o pensamento está em algum lugar, ele está em toda parte exceto nos pés. Mas nós opomos o pensar e o fazer com as mãos nas nossas traduções. Dizemos: ele não é um intelectual, é um artesão, faz trabalhos manuais. É isso que é preponderante em nosso discurso. Aqui, Lacan toma o ponto de vista oposto. "Besta como seus pés" significa que o pensamento não pode estar nos pés, e

---

[15] Nota dos tradutores: uma referência ao ex primeiro-ministro francês Alain Juppé que teria pronunciado essa expressão por ocasião de um conflito social, passando a imagem de um ministro rígido e inflexível frente à pressão das ruas. Cf. https://www.franceinter.fr/amp/politique/non-le-droit-dans-ses-bottes-de-juppe-ne-s-appliquait-pas-a-la-greve-de-1995.

ele diz que está nos pés porque, do contrário, é com os pés que traçamos as trilhas.

Pergunta: É possível que tenham extraído o "passe da entrada" deste texto?

Resposta: Eu disse que não tem nada a ver com isso. É possível que Miller, que de fato queria este "passe da entrada", tenha aproveitado a ideia deste texto. Mas o "passe da entrada" da ECF não era um passe para nomear os AEs, não foi um passe para assegurar que tenha havido ou não a produção do analista. Ele desenvolveu até mesmo o contrário – é uma grande confusão esse "passe da entrada" –, mas, de todo modo, não resultava no reconhecimento de um analista. No máximo, reconhecia um analisante que estava engajado no seu processo analisante, um laço com a Escola, uma porta aberta para todos os seus problemas. Em todo caso, de modo algum ele foi feito para distinguir o praticante do analista. Nesse sentido, não tinha de fato nada a ver, e havia ademais o dispositivo de passe, com cartéis responsáveis por fazer as nominações. Assim, pedir o "passe da entrada" é uma forma de pedir para entrar na Escola, testemunhando perante um cartel a implicação que se tem no nível analisante e no nível institucional, nada mais que isso. Além disso, foi abandonado rapidamente, depois da cisão o "passe da entrada" desapareceu, enquanto o passe continua a funcionar.

Pergunta: Poderíamos comentar o fato de que é dirigido a um grupo de três pessoas...

Resposta: Eles eram três, isso é um fato. Depois, certamente, podemos fazer desenvolvimentos suplementares. Para Lacan, três é o mínimo. Pode-se considerar que, por exemplo, se fossem dois, ele não teria dito bípode, não teria bastado; trípode, o *triskell*[16], aliás estava nas ressonâncias e nas referências implícitas, isso remete à função do três como o mínimo. Assim, no limite, podemos nos divertir com dizer — isso seria forçar um pouco as coisas, pois nada indica isso no texto e no momento em que ele escreveu isso — que, quando ele diz ao Júri (chamava-se Júri e não cartel) "Vocês são três", "Eu traço a trilha, se vocês quiserem me seguir", Lacan está em vias de criar uma estrutura mínima de cartel.

Pergunta: Por que ele endereça esta carta aos italianos? Havia outras solicitações?

Resposta: Sim, eu disse no início, foram eles que solicitaram, mas houve outras solicitações na época, por exemplo, pedidos de criação de escolas regionais na França. Mas Lacan não escreveu textos sobre o assunto, ele simplesmente não deu seguimento e isso não teve lugar.

---

[16] Nota dos tradutores: *Triskell* é um símbolo encontrado em várias regiões europeias, formado por três espirais entrelaçadas, por três pernas humanas flexionadas ou por qualquer desenho similar que contenha a ideia de simetria rotacional.

AULA 2

10 de dezembro de 2007

A construção institucional

Continuarei com o texto que estamos lendo este ano. Na última vez, terminei em "a discórdia dos pés", isso que ele chama de "se os pés marcam um tempo da discórdia"[1], quer dizer, no fundo, a falta de orientação que, segundo ele, quando ocorre, deixa espaço apenas para votos [*voix*] a favor ou contra, ou seja, para a democracia; e vemos que, desde o início, este texto é mais um sobre a instituição analítica colocando a alternativa: ou a Escola, ou simplesmente o que ele chama de "agrupamento", o reagrupamento dos analistas.

Retomo então o texto a partir do começo da página 312 até sua metade, onde Lacan explica o dispositivo que ele pensou nessa época para o grupo italiano. Na verdade, é um parágrafo onde, eu diria, há uma "subida de tom", um extremismo de Escola. Vocês viram que ele começa

---

[1] LACAN, Jacques. "Nota italiana". In: *Outros escritos*. Trad. Vera Ribeiro. Rio de Janeiro: Zahar, 2003, p. 311.

por relembrar ao grupo italiano que eles poderiam observar o que se passa na EFP, sua Escola naquele momento, e retoma o estado da garantia nesta Escola, a saber, que entre os membros da EFP, estão lá alguns deles, os AEs, que se submetem à prova do passe, à qual, diz ele, nada os obriga visto que há o outro título, o título de AME. Assim, a construção institucional da EFP, que ele retoma, é muito simples: no conjunto da EFP há dois subconjuntos, um subconjunto de AE e outro subconjunto de AME. Muito simples.

Detenho-me no momento sobre uma frase que pode parecer estranha: há aquele que se submete "à chamada prova do passe" para ter o título de AE, que "nada o obriga" — Lacan sempre repetiu isso, o passe não é obrigatório —, ao que acrescenta "já que". "Não é obrigatório já que", já que... alguns podem ser nomeados AME. É uma frase implicitamente irônica, penso eu, pois, implicitamente, se desenvolvermos esse "já que", isso significa: eles não são obrigados, pois se o que estão procurando é um título, sempre haverá esse outro.

Ele então propõe ao grupo italiano um outro dispositivo, vou escrevê-lo antes de lhes dizer como ele se justifica. O outro dispositivo, o que ele chama de "entrada pelo passe", significaria que no grupo italiano haveria apenas AEs, além dos três passadores em questão, os três passadores aos quais ele se endereça para dizer-lhes: a partir de vocês, podemos formar um grupo com base no princípio de se apresentarem ao passe, e ele acrescenta, sob o risco de que não haja ninguém nomeado. É o que chamo de extremismo de Escola pois isso significa: corre-se o risco de que não haja um grupo italiano. Não insisto mais nisso porque não há nesse ponto dificuldade de compreensão.

O princípio do passe

Comecei pela eventual composição do grupo, mas é um texto muito mais teórico do que parece. Como ele formula sua proposição? Dizendo que aqueles que desejem estar nesse grupo postulem sua entrada com base no princípio do passe. "Princípio do passe" é uma expressão incomum. É preciso dizer que, depois de tantos anos, pouco se falou sobre o princípio do passe.

As linhas que se seguem se esforçam em formular esse princípio do passe. O que é o princípio do passe? Princípio do passe, isso não significa apenas se apresentar ao passe. Nem mesmo fazer existir um dispositivo. Isso tem muito mais peso, como veremos.

Antes de dar a fórmula, quero extrair o que ele mesmo diz antes, quando procura a fórmula desse princípio. Há aí um parágrafo que é um pré-requisito. É o parágrafo que começa assim: "O analista só se autoriza de si mesmo"[2]. Nenhuma surpresa quando lemos essa frase, pois ela se tornou uma cantilena desde que Lacan a pronunciou. Depois, ele acrescenta: "isso é óbvio". É uma surpresa: "isso é óbvio". O comentário que ele dá explica, pois ele acrescenta: "pouco lhe importa uma garantia que minha Escola lhe dê, provavelmente sobre a irônica sigla

[2] *Idem, ibidem.*

AME. Não é *com isso* que ele opera"[3]. Não é com o título que ele opera.

Portanto, entendemos que o "isso é óbvio" funda-se sobre a prática do analista. Ele não está falando aí dos analistas como pessoas — porque estas lutam pelo título; aliás, isso é óbvio em todos os lugares —, mas está falando do analista na medida em que ele opera. Aquele que opera, isto é, o analista na condução das análises. É certo que na condução de uma análise não há medalha, seja ela qual for, nem mesmo a mais valiosa que sirva para o que quer que seja. Quando nós operamos, quando recebemos alguém, quando temos que responder dizendo isso ou aquilo, ou calando, nós nos autorizamos, de fato, de nós mesmos, necessariamente. É assim que se deve entender o "isso é óbvio".

Darei as duas fórmulas do princípio. Há duas frases neste texto que definem o princípio do passe: a que acabo de evocar "o analista só se autoriza de si mesmo"; e a segunda frase que Lacan avança neste texto é: "só se autoriza 'do analista'"[4].

As frases estão aí, mas obviamente há um pequeno truque, um pequeno problema. É que o analista aparece duas vezes na conjunção destas duas frases e isso é uma dificuldade que precisa ser desenvolvida. O mesmo termo não tem o mesmo significado nos dois casos e, vocês sabem, Lacan gosta desse tipo de fórmulas um tanto aporéticas e paradoxais que vocês encontram com a mesma construção

---

[3] *Idem, ibidem.*
[4] *Idem*, p. 312.

em outra frase conhecida: "o significante representa um sujeito para outro significante". Na primeira parte da frase, "o significante representa um sujeito" é uma definição do significante; mas ele o representa para outro, outro que não representa o sujeito que, portanto, se define de outro modo. Nesta frase vocês têm uma divisão. No fundo, são fórmulas que Lacan calcula não por capricho, mas para traduzir no nível das próprias fórmulas a divisão que a linguagem estabelece no ser falante.

Funcionar, *ex*-sistir

Na frase: "o analista só se autoriza de si mesmo, isso é óbvio", este "analista" não é o mesmo de quando ele diz que é preciso "só se autoriza 'do analista'"[5]. No primeiro caso, vou chamá-lo de o analista$_1$, trata-se do analista para quem isso é óbvio, o analista praticante. O analista da outra frase é o analista$_2$, para quem isso não é óbvio, pois para que ele seja analista é preciso convocar aí o ser do analista, distinguindo-o, assim, de seu funcionamento. Lacan empregará o termo funcionamento, como viram, um pouco mais adiante. Destaco também, em "do analista" [*de l'analyste*], o "do" que Lacan emprega com frequência para não dizer "os analistas", evitando assim a personalização.

---

[5] Nota dos tradutores: na expressão *"que ne s'autorise que de l'analyste"*, Lacan usa o partitivo que, em francês, é empregado para especificar quantidades desconhecidas, não enumeráveis. Nesta tradução, sempre que utilizarmos "do analista" entre aspas estaremos remetendo a esta forma.

Daí vem esta frase logo no início da página 312: "Pois minha tese [...] nem por isso implica que qualquer um seja analista. Pois, no que ela enuncia, que é do analista que se trata, supõe que ele exista"[6]. Sim, mas qual analista, já que temos duas ocorrências do termo nas frases anteriores? É o analista$_1$ que se define apenas por operar em um tratamento, ou é o analista$_2$ a quem se crediaria um ser "do analista", que Lacan tentará definir no restante do texto? É evidente que, nesta frase, ele supõe que há um ser do analista$_1$, que não diz respeito apenas ao funcionamento. De fato, ele acrescenta a propósito desse que eu chamei o analista$_2$, esse que se define pelo ser do analista: "Suponho que ele exista", ao que acrescenta imediatamente: "Autorizar-se não é auto-ri(tuali)zar-se"[7]. A auto-ri(tuali)zação por parte do analista$_1$ que funciona limita o autorizar-se. Ou seja, o "autorizar-se" se divide aí.

Autorizar-se — auto-ri(tuali)zar-se... é uma bela sacada. Há um certo número de textos onde ele insiste no fato de que os analistas praticantes podem fazer isso por hábito, como ele diz. Há um momento em que ele fala dos AMEs dizendo que "eles fazem isso por hábito". Em outros textos, ele denuncia o analista funcionário, o funcionário que simplesmente aprendeu em sua formação, em sua própria análise e em suas supervisões a apertar o botão certo. Para fazer o quê? Para colocar a

---

[6] LACAN, Jacques. "Nota italiana". In: *Outros escritos*. Trad. Vera Ribeiro. Rio de Janeiro: Zahar, 2003, p. 312.
[7] *Idem, ibidem*.

transferência em marcha, para produzir a fala analisante etc. Este não é um tema isolado; ainda que a expressão auto-ri(tuali)zar-se apareça apenas nesses textos, o tema está por aí. Ele supõe, portanto, que eles existam, subentendendo que analistas ele sejam, pois para os que funcionam, não há nada o que supor, pois é certo que eles existem. Ele os supõe, pois, diz ele: "Pois afirmei, por outro lado..." — eu destaco o "outro lado" — "...que é do não-todo que depende o analista"[8]. Logo, não há nenhum universal "do analista".

Sigo com a leitura: "Não-todo ser falante pode autorizar-se a produzir um analista. Prova disso é que a análise é necessária para tanto, mas não é suficiente"[9]. Lacan lembra aqui uma certeza de todo o movimento analítico: não se pode ser analista sem ter feito uma análise. Aqui está um ponto sobre o qual não há discordância no movimento analítico. Todos concordam desde muito cedo com isso, desde que Freud lançou o tema e Ferenczi nele insistiu. Portanto, isso é bem conhecido, mas não é suficiente, diz Lacan. A questão toda é saber o que é preciso acrescentar à condição necessária, mas não suficiente. Lacan responde: "Somente o analista, ou seja, não qualquer um, autoriza-se apenas de si mesmo"[10]. Aqui, aí se nos perguntarmos de que analista ele está falando, responderemos que é do analista$_2$, o que não é apenas o funcionário da psicanálise.

---

[8] *Idem, ibidem.*
[9] *Idem, ibidem.*
[10] *Idem, ibidem.*

"Isso existe, agora é fato: mas é porque eles funcionam"[11]. Claro, há os que funcionam, mas "Esta função torna apenas provável a ex-sistência do analista"[12].

- o analista$_1$ — praticante — auto-ri(tuali)zação, o funcionamento.
- o analista$_2$ — ser "do analista", provável — a *ex*-sistência.

A questão, portanto, é saber: *ex-siste* "do analista"? Lacan diz: "é provável". Por que isso é apenas provável? É para se referir ao fato de que, aqueles funcionam, estes não são prováveis, mas assegurados. Escrevamos isso com o não-todo. Quando Lacan introduziu o todo e o não-todo nas fórmulas da sexuação, acho que vocês sabem um pouco como ele a construiu, e com base em quê. Ele propõe o que chama de função fálica, ele a apresenta com base no que Frege, o lógico, avançou no que chama de função proposicional, que é uma forma de escrever a proposição, diferente da clássica aristotélica. Escrevamos $\overline{\forall x}$, a função de autorizar-se de si mesmo, como Lacan escreve a função [(Φ)x] em suas fórmulas de sexuação. Vamos escrever (x) o que pode valer como argumento na função autorizar-se de si mesmo. Para aquele de que ele falou primeiro, a saber, o analista$_1$, para quem isso é óbvio que ele se autoriza dele mesmo, posso escrever para todo x, [∀x]: todo analista operando autoriza-se de si mesmo.

---

[11] *Idem, ibidem.*
[12] *Idem, ibidem.*

Essa escrita esclareceu-me uma frase de Lacan: "os analistas — digamos, aqueles que por simplesmente se colocarem como tais possuem emprego nisso, e eu o concedo por esse simples fato, na realidade"[13]. Essa frase havia me deixado uma interrogação porque ela, aparentemente, fazia uma completa objeção ao princípio do passe. Se basta se dizer analista, e nós concordamos com isso, não estamos no registro da *ex*-sistência ou do ser do analista. Estamos no registro do basta dizê-lo para funcionar; ele funciona, ou seja, há quem se analise com ele e, portanto, podemos concordar com ele quanto a esse fato. Ao nível do analista$_1$, há o todo, é o que diz a frase "O analista só se autoriza de si mesmo, isso é óbvio".

Ora, depois desse "o todo", deve-se supor a exceção para qualquer "todo"? Como entender o "desde que haja aqueles que funcionem... é provável que eles existam"? "Esta função [do analista$_1$] torna apenas provável a ex-sistência 'do analista'"[14]. E Lacan acrescenta: "probabilidade suficiente para garantir que ele exista", que possa haver alguns que existam. "O fato de as chances serem grandes para cada um deixa-as insuficientes para todos." Isso significa: é provável que haja do analista$_2$, mas identificar do analista$_2$ no todo dos analistas que funcionam, daí começa o problema. "O fato de as chances serem grandes para cada um deixa-as insuficientes para

---

[13] LACAN, Jacques. "Introdução à edição alemã de um primeiro volume dos *Escritos*". *Idem*, p. 555.
[14] LACAN, Jacques. "Nota italiana". *Idem*, p. 312.

todos"[15]. Convocar a possibilidade não é a mesma coisa que convocar o determinismo, não é convocar os critérios, é até deixar uma margem de indeterminação que se esclarecerá, talvez um pouco, só depois, por seus efeitos.

Que provavelmente exista "do analista", isso não é o mesmo que a exceção do "existe um pai" que diz não. Alguns lógicos contribuíram com essa questão elaborando a fórmula "alguns pelo menos mas não todos" [*quelques-uns au moins pas mais pas tous*]. Aí está uma fórmula do não-todo. É a exceção relativa ao todo dos uns que funcionam, mas não é a exceção do "existe um". Lacan não a define como assim ou assado, ele a define como "do analista", é a sua maneira de extraí-la disso que se identifica no todo e de não a confundir com o "existe um" da exceção que ele emprega depois.

Ele retorna ao princípio do passe do qual a trípode italiana seria "digna" — neste texto encontramos a palavra "digno" duas vezes —, nós a vemos aqui[16] e a reencontramos no final do texto a propósito do famoso "amor mais digno"[17] que a análise poderia produzir. O grupo italiano seria digno de tomar por objetivo o princípio do passe, que só funcionem como analistas aqueles verificados pelo passe.

A proposta que ele faz ao grupo italiano não é complicada, não é misteriosa; institucionalmente ela se traduz

---

[15] *Idem, ibidem.*
[16] "Se conviesse, porém, que apenas os analistas funcionassem, tomar isso por objetivo seria digno da trípode italiana". *Idem, ibidem.*
[17] Cf. "...para fazer um amor mais digno". *Idem*, p. 315.

facilmente, como eu disse, mas evidentemente ela coloca a questão do analista que é analista. Finalmente, Lacan, que em geral não se recusa a responder uma questão que ele propõe, vai respondê-la ao fim do texto.

Três comentários: o passe, o fim, os outros campos

É certo que, no princípio do passe tal como ele começa a avançar e esclarecerá depois, o acento colocado por Lacan não é de modo algum o mesmo que ele coloca na expressão "o analista só se autoriza de si mesmo"[18] que nos acostumamos a ler na "Proposição de 1967" sobre o passe — digo mais, ele não parece de modo nenhum o mesmo, não havíamos lido o que ali está escrito na "Proposição", isso é certo.

Desde o início — ou seja, na EFP, na ECF, na EPFCL também, creio eu —, quando falamos do passe, isso é lido como passagem ao analista a_1, aquele que funciona, aquele que opera, aquele que decide se dizer analista.

Eu falei de uma onda de extremismo de Escola, mas não tenho certeza se houve uma mudança na ênfase. Na verdade, o que é isso que ele chamou de passagem a analista? Não é uma passagem a praticante. Designa, antes, uma mutação do ser, uma mutação do ser do lado do analisante. Há razões para pensar que Lacan assim o entendia desde aquele momento. Nas discussões sobre

---

[18] LACAN, Jacques. "Proposição de 9 de outubro de 1967 sobre o psicanalista da Escola". *Idem*, p. 248-264.

as nomeações na EFP ele sustentou a nomeação de uma pessoa que não era analista, o que pelo menos significava que ele esperava do passe o testemunho de uma virada do ser, de uma virada... Podemos usar o termo "mutação", não metamorfose, que é um termo que usamos para insetos... mas sim, uma mutação, uma mudança do ser, com isso que chamamos de uma mudança do desejo, de um novo desejo, porque uma das definições do ser é o ser do desejo.

Ao mesmo tempo, há também textos que foram ditados e que foram transcritos onde Lacan diz daqueles que não são nomeados: "Apesar do que eu faça, apesar do que eu diga [é Lacan quem fala], eles se sentem recusados". Eles se sentem recusados, a palavra fala por si mesma, se posso dizer. Ele parecia deixar implícito que não havia lugar para se sentir recusado. Se no passe avaliamos o ser do analista, existem algumas razões para se sentir recusado uma vez que todo aquele que funciona como analista aspira a funcionar legitimamente e, para funcionar legitimamente, seria melhor sê-lo.

Terceira e última observação, para deixar um tempo para o debate, sobre a questão de saber se a virada em questão, a virada do passe, coincide ou não com o fim da análise. Se entendemos o fim de análise como o término de uma análise, o momento em que a relação analítica de um analisante com seu analista termina, é uma coisa. Mas, se entendermos por fim de análise o fim do analisante por uma mutação no seu desejo — a posição analisante e a posição do analista se excluem, é um ou outro, mas isso não impede que se alternem como uma porta *saloon*[19] —, é uma outra coisa. Logo, se entendemos o fim no sentido do término da análise, não, o passe não é o término da análise. Mas se o entendemos no sentido da mutação, sim, o passe é o fim, o processo analisante tocou isso que Lacan chama de um ponto de finitude, o que não quer dizer que não se possa prosseguir.

Acrescento algo, ainda em terceiro lugar. A distinção analista$_1$, analista$_2$, obviamente, este tipo de distinção entre um operador e o ser deste operador, é uma distinção que não tem nenhum sentido no campo da ciência, e tampouco no campo da técnica, de todas as aplicações da técnica. O ser de Newton pode interessar aos psicanalistas eventualmente, mas não aos cientistas. Os cientistas estão interessados em sua equação. Portanto, é óbvio que a ciência produz um corte, ela exclui esse tipo de questão precisamente porque exclui a divisão do sujeito. A única área em que podemos ter homologias com essa divisão é a religião: onde quer que haja um clero, essa questão está presente. Um clero funciona, tem um certo número de tarefas, esperamos dele um certo número de operações, e então, depois disso, fica a questão de saber se os membros de um clero que funcionam são um apoio autêntico desta religião. Esse é todo o problema do farisaísmo. O farisaísmo designa a lacuna entre o funcionamento de um clero e o ser dos membros desse clero. Além disso, este ponto levanta a questão do farisaísmo no campo da psicanálise.

---

[19] Nota dos tradutores: estilo de porta utilizada em cozinhas, restaurantes e centros cirúrgicos, que funcionam num mecanismo de vai e vem.

Existe ainda um outro campo, um pouco diferente, para ser franca, mas aqui não se trata de identidades, e sim de homologias, não é mesmo? Há um outro campo onde essa distinção pode funcionar, que é o campo da arte. Trata-se da distinção que pode ser feita entre o produtor de um objeto de arte — e hoje isso fica claro com a comercialização da arte —, pois bem, existe o produtor do objeto e, para todo produtor do objeto no campo da arte, existe a questão do "ser artista", que é geralmente colocada pelos outros e por si mesmo. No fundo, Joyce foi diretamente, muito rápido nesta linha. Quando ele escreve *Retrato do artista*, não se trata do produtor de arte. Antes, é o ser do artista que ele visa e, como sabemos, ele utiliza esse termo "artista" antes de ter produzido grande coisa. Neste campo da arte, portanto, encontramos uma divisão homóloga. No fundo, é normal, até compreensível, são campos onde o sujeito enquanto dividido não está foracluído, esse é o caso da religião e é o caso da arte. Eu não falo da magia porque ela está mais distante de nós, porque a conhecemos menos, Lacan fala disso no final de "A ciência e a verdade". A magia, não temos mais instituições dedicadas a ela em nosso mundo — há pretendentes diversos, porém não instituídos.

Discussão

Pergunta: Quando se ouve falar de analista$_1$ e analista$_2$, isso poderia ser útil para nos debruçarmos sobre a questão da psicose ou sobre a questão da sexuação.

Seria possível falar um pouco mais sobre a exceção única, a questão de alguns uns a menos e/ou a mais, sobre as consequências disso na psicose e na sexuação?

Resposta: A única coisa que vejo claramente nesta questão é que obviamente... o analista que *ex*-siste está em uma posição de exceção em relação ao analista *autoritualizado*, mas uma exceção interna ao todo. Não é o caso, se assim posso dizer, de pensar que só existe um. Lacan nunca pretendeu dizer isso, nem para ele mesmo, sobretudo para ele mesmo. E quando diz: "para cada um as chances são grandes..." quer dizer que pode haver vários. Portanto, há exceções à *autoritualização*, mas não uma exceção única [*pas une exception* une]. Para assegurar a ideia de que há mais do que uma exceção — mas é mais do que uma —, podemos convocar "Televisão"[20], quando ele fala do analista, que compara aos que outrora foram os santos, não para dizer que os analistas são santos, mas para comparar ao lugar e à função que os santos tiveram. Santos são exceções, não uma exceção única. O santo não é um pai, bem longe disso — supondo que haja "do analista" *ex*-sitente, não é um pai.

Mas, então, quando Lacan diz "Eu me esforço para garantir que haja muitos", está colocando o acento no plural, não é o acento no um. Além disso, mesmo para uma exceção de "existe um", isso deve ser discutido, porque o "existe um" inscreve uma exceção, mas não

---

[20] LACAN, Jacques. "Televisão". In: *Outros escritos*. Trad. Vera Ribeiro. Rio de Janeiro: Zahar, 2003, p. 517-518.

implica que o transmissor da exceção possa ser múltiplo e é isso mesmo o que Lacan desenvolve textualmente na famosa aula de R.S.I.[21], de janeiro, quando fala de um pai que exerce a função única [*la fonction une*]. Portanto, entre o singular da função e o múltiplo do suporte da função, há coisas a serem examinadas aqui.

Sala: [...] é preciso que haja "do pai" assim como dizemos que haja "do analista"...
Resposta: Sim, poderíamos dizer "do pai", é necessário que haja "do pai", por que não? Mas Lacan nunca disse assim, e há uma razão: que houvesse "do pai" designaria a função. Ora, a função Pai é uma função do dizer, e o dizer é existencial.

Pergunta: Como o analista$_2$ se posiciona em relação ao objeto *a* perdido?
Resposta: Nós o veremos estudando o texto a seguir, mas quando Lacan diz "o analista *ex*-siste", há outras fórmulas ainda mais precisas, ele diz que ele *ex*-siste aos outros discursos, da mesma maneira que o objeto *a ex*-siste ao significante.

[Pergunta de Patrick Barillot sobre a nomeação do passante que não seja analista praticante.]
Resposta: Sim, deve-se constatar que alguém que não é analista praticante nunca foi nomeado em nenhum dos

---

[21] LACAN, Jacques. *Seminário 22, R.S.I.* Inédito. Aula de 21 de janeiro de 1975.

dispositivos. Pessoalmente, acho que é algo imprevisto no funcionamento, mas que mostra que a dita passagem a analista, nós a buscamos ao nível da prática.

Em todo caso, mesmo entre os passantes praticantes, a questão de saber quem e por que nomear nunca foi verdadeiramente esclarecida. O que, entretanto, é constante em Lacan — mesmo a despeito do que ele disse no início, nos parágrafos seguintes, que veremos na próxima vez —, o que é constante é que é na análise que isso se distingue. Não é depois da análise, na prática do analista; é na análise do passante que a coisa pode ou não ser percebida. É por isso que os dois títulos, AME e AE, que funcionam de modo que parecem insatisfatórios para muitos, mas com boas razões, são, no entanto, extremamente heterogêneos. Pois o AME — Lacan o disse de muitas maneiras — é alguém sobre quem se pensa — com o possível risco de erro — ter dado suas provas como praticante e que, portanto, pode-se garanti-lo como praticante aos olhos do mundo exterior. O AE é outra coisa, não pensamos que ele tenha dado suas provas como praticante, pensamos que ele deu suas provas como analisante, como analisante que chegou a um ponto de ruptura em relação ao que ele era. Portanto, é completamente diferente, e não o apresentamos ao mundo como um praticante, de forma alguma.

Pergunta: Pode a distinção entre AE e AME retomar uma certa ideia de distinção entre mutação verdadeira e desejo de mutação?

Resposta: Não, acho que não, acho que o desejo do analista é uma forma de nomear o ser do analista. Há passagens em que Lacan[22] parece, no fundo, supor que para funcionar como analista não é preciso muito, que para funcionar como analista basta estar no lugar do objeto do analisando e não há necessidade de saber o que fazemos para isto. Lacan diz "aqueles que se dizem como tal e eu concordo com eles" porque, assim que eles o dizem, colocam-se na posição de objeto, quer eles o saibam ou não. Isso talvez não exija uma grande mutação, até porque atualmente o discurso, não o analítico, mas o discurso comum transmite algo nesse sentido, de uma forma prejudicial, sem dúvida, mas ainda assim transmite. Isso quer dizer que quando alguém que, como dizemos deseja "se estabelecer como praticante" sem ter feito uma análise, todo o discurso nos explica que não há necessidade de nenhuma outra verificação além dessa, ele decide e ponto, ele deu esse passo e ninguém pode se meter nisso. E, além disso, ao dizermos que o passe não é obrigatório, é uma forma de dizer que não se deve meter-se nisso se o sujeito não quer, se ele não o deseja. Portanto, é um pouco nocivo, pois o que é que isso dá como resultado? Esta extraordinária multiplicação atual; daí alguns pensam que a culpa é de Lacan, porque Lacan disse "o analista só se autoriza de si mesmo", de forma que agora todos estão dispensando exames sobre a coisa e se pode exercer perfeitamente

---

[22] LACAN, Jacques. "Televisão". In: *Outros escritos*. Trad. Vera Ribeiro. Rio de Janeiro: Zahar, 2003, p. 509.

por toda a vida sem que ninguém venha verificar o que os autorizou, o que os instaurou, é um fato. Ora, sem dúvida a frase de Lacan é muito evocada, em parte, me parece, como um álibi, pois a determinação desse fenômeno me parece muito sobredeterminada pelo estado de toda uma ideologia atual do individualismo, de que "não temos que prestar contas a ninguém"; de que temos que prestar contas quando nos colocamos como vítimas, mas ao contrário, "não temos que prestar contas a ninguém" desde que não incomodemos ninguém. Isso é algo que se difundiu muito em nosso mundo e que, portanto, apoia, eu diria, aquilo a que nos autorizamos a partir da fórmula de Lacan.

Pergunta: Isto é algo que não consigo captar logicamente [...] a probabilidade e a função [...]

Resposta: A função existe — no sentido banal do termo, existem analistas que funcionam e é o seu funcionamento que faz a existência do psicanalista provável, não invertamos as coisas neste ponto. É a função, que constatamos, que torna provável o que gostaríamos de constatar, a saber, o ser do analista.

Pergunta: [...] probabilidade suficiente para garantir que ele exista [...]

Resposta: A função torna a existência provável, essa é a primeira proposição. Esta probabilidade é suficiente para termos certeza de que haja, se assim o dizemos, não poderia haver o analista praticante de não existisse "do analista". Vocês me acompanham? Essa é a probabilidade suficiente, quer dizer que é preciso que haja a existência do analista$_2$, para que haja funcionamento.

Pergunta: [...]

Resposta: Que o tratamento seja necessário, mas não suficiente, isso deve estar suficientemente assegurado para que não haja debate sobre esse ponto na psicanálise desde sua origem até os dias de hoje. Todo o movimento analítico a partir da IPA, em seguida aquele que vem do ensino de Lacan, todos consideraram: 1) que a análise seria necessária e 2) que seria necessário algo a mais. Na IPA, são todos os exames graduais que os autorizam a receber um paciente em análise. É o sistema universitário. Lacan rompeu com a prática dessas sociedades, mas isso não quer dizer que qualquer um pode ser analista, é preciso ter feito uma análise; mas como na IPA, é preciso algo a mais.

Basicamente, para probabilidade suficiente, podemos fazer uma homologia com as fórmulas da sexuação. A função $f(x)$, para que ela seja possível, deve haver a exceção, e para postular a função de analista a_1 praticante deve haver uma exceção "do psicanalista". De fato, para se estabelecer como psicanalista, o termo analista deve estar presente no discurso que, por mais vago, nebuloso e obscuro que seja, ele esteja presente até nas mentes menos informadas, que haja algo a que chamemos "psicanálise". Isso significa que a função está lá e que sem ela não se pode se estabelecer como analista. Por isso, aliás, é uma façanha de Freud ter podido estabelecer o funcionamento, uma vez que a função ainda não tinha sido colocada, e isso o torna único no campo da psicanálise. Os cientistas podem nos dizer: porque sempre fazer referência a Freud? É que Freud tinha uma posição absolutamente única que Lacan não possuía.

AULA 3

28 de janeiro de 2008

Nova trilha

Hoje vamos parar na metade inferior da página 312. Vocês lembram, eu acho, como este parágrafo está localizado, Lacan na parte anterior indicou ao grupo italiano o objetivo que eles poderiam se propor: fazer de um modo que apenas analistas pudessem se autorizar a funcionar como analistas. E ele diz: "Vou abrir essa trilha aqui"[1], o que significa que ela ainda não havia sido trilhada. Estamos, portanto, na questão: a distinção entre um analista que funciona e um analista que, analista o é — é por aí que o texto avança, obviamente com o problema de como distingui-los.

Destaco inicialmente que esse objetivo no ensino de Lacan é novo, e, além disso, ele mesmo o indica de forma discreta, pois diz: esperei para abrir essa trilha, ou seja,

---

[1] LACAN, Jacques. "Nota italiana". In: *Outros escritos*. Trad. Vera Ribeiro. Rio de Janeiro: Zahar, 2003, p. 312.

uma trilha que não estava aberta em 1967 na "Proposição sobre o psicanalista da Escola"[2]. Até então, Lacan insistia muito em dizer: trabalho para que haja "do psicanalista", com essa indeterminação, e toda vez que ele diz, ou quase, ele acrescenta: mas, quem é, onde está o psicanalista? Coloca um ponto de interrogação sobre a possibilidade, em última análise, de identificar alguém como "um" analista. Dizer que haja "do psicanalista" significa dizer que a função analista existe, sem que seja possível identificar as pessoas que são idênticas a essa função em seu ser. Vejam todos os textos de 1967, eles são construídos sobre essa problemática. Ele diz novamente no "Discurso à Escola Freudiana de Paris"[3], falando do desejo do analista[4] pelo qual talvez se possa reconhecer um analista, ele diz que entrar nele é ter saído, acreditar-se ali é ter entrado pela porta, justamente para dizer que não está identificando os analistas um por um. A função está lá, há "do" (um por um) mas esses um por um, eles são "não todo".

Aqui, em 1973, trata-se de admitir numa escola apenas aqueles, não os que estão funcionando como analistas,

---

[2] LACAN, Jacques. "Proposição de 9 de outubro de 1967 sobre o psicanalista da Escola". *Idem*, p. 248-264.
[3] LACAN, Jacques. "Discurso à Escola Freudiana de Paris". *Idem*, p. 265-287.
[4] Nota dos tradutores: "Assim, o desejo do psicanalista é o lugar de onde se está fora sem pensar nele, mas no qual encontrar-se é ter saído para valer, ou seja, não ter tomado essa saída senão como entrada, e não uma qualquer, já que se trata da via do psicanalisante. Não deixemos passar de descrever esse lugar num percurso de infinitivos, chamado 'o inarticulável do desejo', desejo, no entanto, articulado a partir do 'sem saída' desses infinitivos, é algo do impossível com que me basto neste desvio". *Idem*, p. 270.

mas aqueles que o são, com o problema de reconhecê-los. E como reconhecê-los é a questão deste texto.

O cientista e o analista

O primeiro trilhamento é um parágrafo inteiramente construído sobre uma aproximação, que é ao mesmo tempo uma oposição, entre o cientista e o analista.

Começo com a primeira frase: "[...] para tanto — diz ele — é preciso levar em conta o real"[5] e, entre parênteses, "é [por isso] que resulta eu haver esperado para [trilhá-la, essa via]"[6]. De que real ele fala? Ele o diz imediatamente: "Ou seja, aquilo que se destaca de nossa experiência do saber: Existe saber no real. Ainda que este, não seja o analista que tem de alojá-lo, mas sim o cientista". Na expressão "nossa experiência do saber", o termo "nosso" não designa os analistas, mas a era da civilização, a da ciência, onde sabemos de fato que "há saber no real" e que é "o cientista que tem que alojá-lo".

A próxima parte diz respeito à questão do que tornou possível a ciência, e aqui não se trata de algo novo, estamos exatamente nisso que Lacan chamou um pouco mais abaixo de o "conhecido demais". Há aqui referências implícitas a todos os textos onde Lacan falou das relações entre ciência e psicanálise, com a tese que é sua, a saber, que o surgimento da ciência foi a condição do surgimento da psicanálise.

---

[5] LACAN, Jacques. "Nota italiana". In: *Outros escritos*. Trad. Vera Ribeiro. Rio de Janeiro: Zahar, 2003, p. 312.
[6] *Idem, ibidem*. [Tradução modificada.]

Eu não retomei tudo, mas remeto vocês ao principal. Há, claro, o último texto dos *Escritos*, "A ciência e a verdade", um texto no qual ele diz que a psicanálise é uma prática que reconhece a verdade de um sujeito no desejo, e que, portanto, responde ao saber da ciência que esse sujeito elimina. Isso está também no seminário *O avesso da psicanálise*,[7] que comentamos durante um ano em nossa Escola, e em "Radiofonia",[8] o escrito correspondente.

Aquilo que é impressionante é que, em *O avesso da psicanálise*, Lacan hesita, houve uma discussão um tanto animada certa noite na Escola sobre este ponto. Lacan produz seus quatro discursos, discurso do mestre, discurso da histérica, discurso da universidade, discurso do analista e o vemos hesitando sobre onde colocar a ciência nesses quatro discursos. Isso é importante porque em nosso texto de hoje ele trinchou algo que ele não tinha ainda trinchado em *O avesso*. Se vocês o relerem, verão que ele hesita e que em um determinado momento ele se pergunta se podemos colocar a ciência do lado do discurso universitário, daquilo que coloca o saber no lugar do semblante. A questão é explicitamente retomada e trinchada em seu texto de 1970 sobre "ensino"[9], e em todos os textos que se seguem ele coloca a ciência, como vocês sabem, mais na conta do discurso da histeria — isso é importante, como veremos em seguida.

---

[7] LACAN, Jacques. *O seminário, livro 17: O avesso da psicanálise*. Trad. Ari Roitman. Rio de Janeiro: Zahar, 1992.
[8] LACAN, Jacques. "Radiofonia". In: *Outros escritos*. Trad. Vera Ribeiro. Rio de Janeiro: Zahar, 2003, p. 400-447.
[9] LACAN, Jacques. "Alocução sobre o ensino". *Idem*, p. 302-310.

"[...] o saber no real" é, portanto, o cientista que o aloja. O que significa este termo "alojar"? Ele diz que o analista aloja — para ele também o mesmo termo — "o analista aloja um outro saber, em outro lugar [...]". "Alojar" evoca o lugar, e o lugar se refere aos quatro lugares onde os discursos são constituídos a partir da permutação dos quatro termos implicados pela estrutura da linguagem.

"Há saber no real"[10], algo teria que ser dito obviamente sobre esse saber, o que o caracteriza? Seria preciso ainda mais dizer algo do que Lacan fala do "analista que aloja outro saber", que não é o mesmo. Lacan falava muitas vezes do saber da ciência, é um saber que repousa inteiramente no Um. No um e no número, bem como a ideia, que ele formula em outro lugar, de que as fórmulas da ciência estão inscritas no real, elas não estão inscritas no pensamento do estudioso, do cientista, elas estão inscritas no real, pelo que podemos conceber que com fórmulas matemáticas construímos técnicas que permitem dominar o real físico. Em todo caso é um saber — ele não o retoma aqui, mas é preciso retomá-lo —, o saber da ciência é um saber sem sujeito. Um saber — mais exatamente, diz Lacan — que exclui o sujeito. A expressão está em "A ciência e a verdade"; às vezes há outras fórmulas, em "Radiofonia", ele diz que a ciência é uma ideologia da supressão do sujeito. Não experimentamos isso todos os dias em nosso mundo, que a ciência — não apenas a ciência, mas a ciência com suas implicações, com isso que ela dissemina no discurso — é uma ideologia da supressão

---

[10] LACAN, Jacques. "Nota italiana". *Idem,* p. 312.

do sujeito? De fato, este é o grande debate que causa furor atualmente.

"[...] o saber no real" portanto, não qualquer saber, o saber que foraclui o sujeito — talvez eu volte ao termo "real" —, em que lugar o cientista aloja esse saber? Onde ele o aloja? Para responder é preciso continuar a leitura: "O cientista produz o saber a partir do semblante de se fazer sujeito dele."[11] Esta frase responde à pergunta: onde a ciência aloja o saber? E ela nos diz, com efeito, mais uma vez, isso que Lacan apontou de passagem depois do *O avesso da psicanálise*, que a ciência procede do discurso histérico. [...]

Quando se ouve "O cientista produz o saber a partir do semblante de se fazer sujeito dele", só se consegue pensar no semblante de se fazer objeto que se aplica ao analista, não é? É a mesma expressão, ou seja, o discurso da ciência coloca o sujeito no lugar do semblante — que é exatamente o que o discurso histérico faz. Se eu escrever o discurso histérico aqui:

$$\frac{\cancel{S}}{a} \underset{\longleftarrow}{\xrightarrow{\;/\!/\;}} \frac{S_1}{S_2}$$

vejam, o discurso histérico coloca o sujeito no lugar do semblante para apelar ao significante-mestre com o efeito da produção de saber e deixa o objeto no lugar da verdade. Portanto, o cientista faz semblante de sujeito com

---

[11] *Idem, ibidem.*

o mesmo efeito que foi escrito no discurso histérico, de fazer vir o saber ao lugar da produção do discurso. Estamos aí numa perfeita homologia.

Aqui se abriria um desenvolvimento — ele não o abre neste texto, eu o aponto, mas não entro nele — porque há uma pequena diferença entre a histeria e o cientista. É que a histeria — histérica com a qual se ocupou Freud no início e com a qual ainda nos ocupamos ocasionalmente na psicanálise —, é que no fundo, a esses sujeitos histéricos, a única coisa que lhes interessa é o saber do sexual, justamente aquele do qual o cientista não se apaixona absolutamente. O que faz Lacan sempre dizer que "a ciência vem do discurso histérico", "é quase o discurso histérico", [...] ele sempre faz uma pequena ressalva. De fato, a histeria opera um violento golpe no saber produzido. Não é qualquer Um que o discurso histérico põe a trabalhar, é o um do sexo. Deixo de lado esses desenvolvimentos muito atuais. Em todo caso, indico-lhes consultar no volume dos *Outros escritos* na página 436 de "Radiofonia", onde Lacan fala do tema da ciência e do discurso da histeria. Basicamente, quando escreve a "Nota italiana", ele supõe conhecerem sua tese de que a histeria, que ele chama de "o inconsciente em exercício"[12], põe o mestre contra a parede para produzir um saber do sexual.

E aí ele faz uma homologia com o início da *epistemé* grega. É de fato o histérico, Sócrates, que convoca o

---

[12] "[...] a histérica é o sujeito dividido, ou, em outras palavras, é o inconsciente em exercício, que põe o mestre contra a parede de produzir um saber". LACAN, Jacques. "Radiofonia". *Idem*, p. 436.

mestre a produzir um saber[13]. Há de fato em Lacan uma concepção da história, é preciso dizer, a saber, que é a histeria de Sócrates, da qual temos o testemunho de Platão obviamente, que na história foi a cutucada que conseguiu provocar o mestre antigo o suficiente para que ele tentasse mostrar, dar mostras, de um saber digno daquele do escravo. E há grande insistência por parte de Lacan na ideia de que basicamente a história consistia em despojar o escravo de seu saber, de seu saber que não era o saber da ciência, que era um saber-fazer, e que no lugar desse saber-fazer veio o que ele chama de "saber da ciência".

Vocês podem dar uma olhada no livro de Jean-Claude Milner em que ele fala sobre "o nome de Judeu", em seu livro *Le Juif de savoir*. Isso tem a ver pois, neste livro, Milner fala muito sobre isso que ele chama "o saber absoluto". Esse saber absoluto de que fala Milner não é de modo algum o saber hegeliano, ainda que a expressão seja de Hegel; se vocês lerem bem é o saber da ciência, um saber que exclui o sujeito, o que chamamos aqui de "saber no real". Isso é um parêntese.

Pergunta de Françoise Gorog: Há tanta controvérsia em torno do livro de Badiou e do livro de Milner, o Badiou acabou de fazer um livro sobre o que o nome de Sarkozy significa.

Resposta: Eu não li o livro de Badiou sobre Sarkozy, eu pensei mesmo no livro de Milner sobre o que ele

---

[13] *Idem, ibidem.*

chama de *Le Juif de savoir*. Talvez ele não tenha razão sobre a definição de seu saber, mas ele está falando dessa geração de judeus que na Europa Oriental e na Alemanha pensavam, acreditavam profundamente, que a caça aos judeus, a segregação dos judeus, a perseguição dos judeus, poderia ter uma solução, que por meio do saber era possível a integração definitiva dos judeus na comunidade social e política. Ele coloca Freud nessa lista aí, e pouco depois ele coloca Hanna Arendt, por exemplo, como representante da fé dos judeus de saber, que acreditavam em um saber que não envolveria o nome do sujeito, justamente, e que seria um saber de algum modo universalizável. É por isso que ele fala de saber absoluto, não no sentido de um saber que se fecha em sua totalidade, mas no sentido de um saber que elimina as turbulências da inclusão do sujeito no saber. Ele situa Freud nos judeus de saber. Por quais signos ele reconhece esse saber fora da ciência? Milner dá indícios disso, seus signos são todas as técnicas em que justamente se passa pela decifração, pela objetividade de uma decifração que sinaliza que esse saber não é um saber de um sujeito, mas antes o saber de um texto. Bem, há coisas no livro de Milner que eu poderia criticar fortemente, mas nesse ponto ele captou uma coisa, que o saber da ciência de certa forma se infiltrou até nas humanidades, isso que nós chamamos humanidades, com técnicas de abordagem de textos que são técnicas de objetividade em relação aos textos. E temos isso com Freud, a decifração freudiana, de fato, consiste em questionar um texto antes de se questionar sobre seu sujeito e em buscar o sujeito a partir do texto.

A histeria de Sócrates e o saber do mestre

Na tese de "Radiofonia", há dois aspectos. De um lado, há que a histeria de Sócrates está na origem da ciência, uma origem distante que percorre os séculos e depois, o outro aspecto da tese, que não é a mesma coisa, é que o discurso da ciência é homólogo ao discurso histérico, ou seja, que ele coloca o sujeito no lugar do semblante do saber, interrogando o Um para fazer o saber vir no lugar do produto. De fato, é certo que a ciência produz saber. Portanto, é preciso ter bem isso em mente para entender essa frase que, de repente, se torna muito simples: "o analista aloja um outro saber, num outro lugar, mas que deve levar em conta o saber no real"[14]. Escrevo o discurso do analista:

$$\frac{a}{S_2} \xrightarrow{/\!/} \frac{\$}{S_1}$$

O saber não está no lugar da produção, o que está no lugar da produção são os representantes do sujeito, o saber S_2 está no lugar da verdade.

---

[14] LACAN, Jacques. "Nota italiana". In: *Outros escritos*. Trad. Vera Ribeiro. Rio de Janeiro: Zahar, 2003, p. 312.

Mesmo que não entendamos o que isso quer dizer, nós compreendemos a frase, é um outro saber e num outro lugar. Um outro saber, aquele que chamamos de saber do inconsciente. O inconsciente é um saber que se decifra. Observem que utilizei para ciência — é um pouco forçado — uma expressão que Lacan aplica ao inconsciente quando diz "um saber sem sujeito", no resumo do seminário sobre "O ato psicanalítico"[15].

Retomo a leitura frase por frase: "o cientista produz o saber, a partir do semblante de se fazer sujeito dele", acabei de comentá-la, mas é uma condição necessária, embora não suficiente, para que a ciência apareça. Não basta, portanto, que haja a histérica para que a ciência apareça, é uma condição necessária, mas não suficiente, e vocês sabem que Lacan vai construir um paralelo com o analista — o mesmo vale para ele —, há uma condição necessária, mas não suficiente. Para o cientista, a condição necessária é que a histeria conduza ao saber, à produção do saber. Qual seria a condição suficiente que deve ser acrescentada a essa condição necessária? Lacan nos diz muito bem: "é preciso seduzir o mestre, seduzir o mestre, ocultando dele que aí está sua ruína". Leio a frase completa para vocês: "Se ele não seduzir o mestre, ocultando-lhe que nisso está sua ruína, este saber permanecerá enterrado como esteve por vinte séculos, nos quais o cientista se julgou sujeito, mas apenas de dissertação mais ou menos eloquente"[16].

---

[15] LACAN, Jacques. "O ato psicanalítico – Resumo do Seminário de 1967-1968". *Idem*, p. 371-379.
[16] LACAN, Jacques. "Nota italiana". *Idem*, p. 312.

Na origem da ciência está Sócrates, com um efeito de tempo que atravessa os séculos, que não produziu a ciência imediatamente, produziu primeiro o que ele chama aqui de "a dissertação mais ou menos eloquente". É sua maneira de situar a *epistemé* grega. "Dissertação" é evidentemente o termo que ele opõe ao "saber no real". Seria apenas um saber no simbólico? A ruína do mestre está de fato consumada atualmente, se não o vemos é porque realmente não o queremos ver. A ciência o arruinou em diferentes níveis. O mestre, o que o define é o S_1 no lugar do semblante, ou seja, o Um no lugar do semblante — e a ciência o desalojou. Ela operou um deslocamento de poderes, assistiu-se desde o século XVII a um deslocamento do ponto de emergência do poder. O poder não está mais nas mãos das encarnações do Um, o Rei, ou dos uns da política que sucederam o mestre antigo na história. Como todos sabem, só se fala da impotência dos políticos; aliás, isso rende bons risos na civilização, há um escárnio que se ergue em torno das figuras políticas porque todos sabem que o poder não está com eles, não mais. Para onde ele foi? Ele passou para o lado do mercado e das finanças que, por sua vez, funcionam sem mestre. Há os agentes do mercado, das finanças, há mesmo muitos deles, mas que trabalham sem mestre, um saber não apenas sem sujeito, mas sem mestre. Mas eles próprios são apenas efeitos de longo prazo da ciência e das políticas, eles estão realmente numa posição instável. O que seria entre nós a última ocorrência do que ainda poderia se assemelhar ao um do mestre político? Talvez De Gaulle. Além disso, sua estatura, sua silhueta, combina bem com a maneira que ele teve de fazer o Um mestre — provavelmente é por isso que existem tantos gaullistas atualmente. Do Sarkozy — eu não sei o que o Badiou falou, vou conferir quando tiver tempo —, quando nos dizem que ele é como Luís XIV, que erro crasso! Não foi o gosto pelo luxo que fez Luís XIV. Para mim, na sua pantomima, Sarkozy parece muito mais um Fregoli[17]. Vocês sabem o que é um Fregoli? Fregoli é um personagem teatral que aparece, em seguida ele se troca rapidamente, aparece de novo metamorfoseado, o Fregoli tem vários figurinos, vários rostos, vários papéis, ele era bem rápido porque no teatro quando se passa de uma cena para outra é preciso tempo de se trocar, é preciso agilidade. Ao Sarkozy isso não falta. Isso não quer dizer que ele não tenha o poder para estorvar, é claro. Não é somente o um verdadeiro que tem o poder de estorvar.

Seria preciso então que, interpelando o saber do mestre, a histeria escondesse dele que, ao se ocupar do saber no real, ele trabalharia para sua própria ruína, seria o fim do seu poder que se programava. Lacan diz: "Volto a esse ponto sumamente conhecido apenas para lembrar que a análise depende disso, mas que, assim mesmo, para ele isso não basta"[18]. "Disso", o quê? Era preciso primeiro que o saber no real aparecesse e que esse saber já tivesse arruinado o mestre... para que o outro saber fizesse o

---

[17] Nota da edição francesa: Leopoldo Fregoli (1867-1936), ator italiano, ventríloquo e músico, transformista que chegou a interpretar cem papéis fantasiados no mesmo espetáculo.
[18] LACAN, Jacques. "Nota italiana". In: *Outros escritos*. Trad. Vera Ribeiro. Rio de Janeiro: Zahar, 2003, p. 312.

mesmo. De fato, observem que esse outro saber que é o saber do inconsciente, que Freud trouxe à luz, é também um saber que arruína o mestre "eu", isto é, que leva à ruína do sujeito clássico da filosofia que se pensava como uma unidade no centro de todas as suas apercepções. Kant tem esta fórmula extraordinária: "o *eu penso* deve *poder* acompanhar todas as minhas representações". Ora a descoberta do inconsciente é um "eu penso" que o meu eu — que diz "eu penso" — não acompanha.

Então, é exatamente aí que temos uma homologia de um saber que arruína o sujeito-mestre, o sujeito que se crê mestre de si mesmo, de seu pensamento, e, além disso, de sua conduta. A ciência, o saber da ciência foi o modelo do saber inconsciente, Lacan emprega esse termo na página seguinte. A ciência forneceu o modelo de um saber que não pode ser colocado na primeira pessoa. O que não é um problema quando se trata da física. Isso se torna verdadeiramente um problema, até mesmo uma subversão, quando se trata de indivíduos falantes ou falados, conforme escolhamos dizer. O saber inconsciente é um saber que se decifra, não diremos no real — mas que se decifra onde? — no falante. Eu digo no falante para não dizer no sujeito, que se decifra no falante, nisso que o falante emite, seja quando fala, seja quando sintomatiza, e esse saber que se decifra, de fato, é bastante homólogo àquele da ciência, ele é feito de uns. Quando dizemos que o inconsciente é um saber, isso quer dizer que ele é composto de elementos discretos, diferenciais, um, um, um, é isso um saber, é um conjunto de uns, e com o paradoxo de que é um saber que, portanto, cifra, trabalhador ideal do ciframento — "nunca em greve", diz Lacan —, mas ele cifra sem o sujeito e sem mestre, trabalha sozinho. É a ruína do sujeito que se julgava sujeito uno, sujeito não dividido. Nesse sentido, a invenção da psicanálise depende daquilo com que o exercício da ciência rompeu para nós, ou seja, a um saber que não se dirige a um sujeito unitário e cognoscente.

O "clamor"

Mas, também neste caso, isso não bastou para que surgisse a psicanálise; a condição suplementar, complementar, para a ciência era seduzir o mestre. Pode-se perguntar quem a psicanálise poderia ter seduzido? Lacan formula: "Seria preciso que a isso se juntasse o clamor de uma pretensa humanidade, para quem o saber não é feito, já que ela não o deseja"[19]. Nessa frase há duas teses: o que se acrescenta à condição primeira, necessária e não suficiente da ciência, é o clamor da humanidade; mas ele acrescenta uma definição possível de humanidade. Quando ele diz "pretensa humanidade" é para descolar o termo dessa conotação que se encontra quando se diz "como é humano".

Recentemente vi um filme de Billy Wilder que se chama em francês *La Garçonnière*, em inglês *The apartment*, que é muito engraçado e instrutivo: um médico fala com o herói e lhe diz: "seja um homem", que quer dizer "seja humano". Quando Lacan diz "pretensa humanidade",

---

[19] LACAN, Jacques. "Nota italiana". In: *Outros escritos*. Trad. Vera Ribeiro. Rio de Janeiro: Zahar, 2003, p. 312.

creio que é para descolá-la de sua única conotação de valor e definir esse valor mais objetivamente, pelo que a funda, ou seja, que ela não deseja o saber. A humanidade é o falante que não deseja o saber, essa fórmula não está no texto, mas está implícita nele. Então, temos aqui uma bela pontuação: o analista é aquele a quem veio esse desejo de saber — deixo o comentário detalhado sobre esse ponto para a próxima vez.

"Só existe analista se esse desejo lhe advier, que já por isso ele seja rebotalho [*rébut*] da dita (humanidade)"[20]. Se a humanidade se define por não desejar saber, o analista é uma transformação do falante, um falante a quem teria vindo o desejo de saber. A humanidade sem o saber, ele a coloca no nível da paixão da ignorância, no sentido negativo da expressão. No ensino de Lacan, há textos onde ele faz da paixão da ignorância um valor, algo muito positivo, como em "Variantes do tratamento padrão"[21], onde ele evoca Baltasar Gracián como ilustrando a paixão da ignorância. Ele a toma positivamente, porque poderia designar o fato de se objetar ao saber absoluto hegeliano, uma paixão que sabe que em todo saber há a incompletude, que quer olhar de frente o buraco do saber e não o tamponar. A paixão da ignorância no sentido negativo é de não querer saber. Em um caso é um saber que o saber é furado e, no outro, é uma recusa de saber.

---

[20] LACAN, Jacques. "Nota italiana". In: *Outros escritos*. Trad. Vera Ribeiro. Rio de Janeiro: Zahar, 2003, p. 313.
[21] LACAN, Jacques. "Variantes do tratamento-padrão". In: *Escritos*. Trad. Vera Ribeiro. Rio de Janeiro: Zahar, 1998, p. 325-364.

Essa humanidade, seu clamor é a condição suplementar para que a psicanálise apareça. Gosto muito desse termo "clamor", aproveitei o pretexto de que estava comentando esse texto para voltar a ele. É um termo que conota imediatamente — parece-me — uma ideia de sofrimento. Poder-se-ia, numa primeira aproximação, pensar no "mal-estar da civilização". Ele também poderia evocar o apelo. Consultei vários dicionários, mas o que mais me interessa é o *Grand Dictionnaire du XIX siècle*, que é uma mina de ouro.

Recordo que Lacan evoca o clamor do povo reunido aos pés do Monte Sinai logo no início de seu ensino. De fato, clamor, o sentido primeiro é o grito, e o grito é a manifestação primeira da Coisa, consultem os textos de Lacan. Não é só o barulho, é o grito com sua dimensão de Coisa, *das Ding* que solicita, que demanda com todos os afetos que são enxertados em qualquer demanda. Além disso, há uma vasta paleta de afetos, que vai do entusiasmo das aclamações, do clamor que se entusiasma... do Outro, até a dor que protesta, o sofrimento que reclama, sem esquecer o que se chama o "clamor de haro". "Gritar haro sobre o jumento", quando se conclama alguém à vingança, uma belíssima expressão que circulou durante um bom tempo na Idade Média, especialmente na Normandia. O que era isso? Era o que eu chamo de uma forma de delação pois consistia, quando se percebia que alguém havia cometido uma falta, em gritar imediatamente bem alto para denunciá-lo ao senhor, que evidentemente iria puni-lo. Todos aqueles que escutassem o clamor do haro deveriam se reunir para gritar. Seria uma forma de delação organizada.

É curioso, a delação é trazida à ordem do dia com uma figura que se pretende civilizada: organizar uma delação da civilização, é incrível!

Clamores, há vários. O clamor designa algo que sofre, mas que tem um endereçamento. Um sofrimento que faz barulho, mas que demanda em sua súplica, ou que oferece na aclamação positiva, ou que denuncia, haro. Não precisaria forçar muito para dizer que isso evoca terrivelmente a transferência. O que mais é a transferência do que a expressão de um sofrimento que é endereçado? Que se endereça a quem? Ao sujeito suposto saber. Seu clamor provém da falta de saber, daí o seu endereçamento a um sujeito suposto saber que possa responder e curar. Mas se endereçar ao saber e desejá-lo são duas coisas diferentes.

O desejo de saber

Gostaria de me deter aqui para desenvolver a questão do desejo de saber, uma questão muito rica, muito abundante no ensino de Lacan. Nos primeiros textos, a partir de 1958, e em "A direção do tratamento"[22] em particular, quando tenta retomar essa noção de desejo, ele situa, como se sabe, o desejo como desejo do Outro. O desejo, surgindo como desejo do Outro, implica o desejo de saber, o desejo de saber sobre essa falta, e sobre o que

---

[22] LACAN, Jacques. "A direção do tratamento e os princípios de seu poder". In: *Escritos*. Trad. Vera Ribeiro. Rio de Janeiro: Zahar, 1998, p. 591-652.

pode tamponá-la. E não creiam que se trata de uma tese do ano de 1958, tomem *"De um desígnio"*[23], que Lacan acrescenta nos *Escritos*: ele insiste repetidamente que uma das consequências da linguagem é o desejo de saber. Como esse desejo poderia vir, a partir daí, considerando-se que "não há o menor desejo de saber na humanidade"?

Um texto que elucida isso, de fato, é a "Introdução à edição alemã de um primeiro volume dos *Escritos*", de 1973[24]. Ali, Lacan encontrou uma palavra para conciliar o que havia dito: que deve haver desejo de saber, e agora ele diz que não o há. É que o que ele chamava de "desejo de saber", agora ele chama de "amor ao saber". O falante que clama a partir de sua falta faz justamente apelo a um complemento de saber, mas esse apelo não é o do desejo, esse apelo é o da demanda, o amor. Ele está bem explícito: "[A transferência] é o amor que se dirige ao saber"[25]. Poderíamos acreditar — estamos em 1973, ano quase contemporâneo da "Nota" — que seria possível dividir as coisas assim: ao analisante, o amor ao saber; ao analista o desejo de saber, já que ele disse "só existe analista se esse desejo lhe advier"[26]. Pois bem, de jeito nenhum, na "Introdução à edição alemã a um primeiro volume dos *Escritos*" há um parágrafo inteiro sobre os analistas para dizer que eles não têm o menor desejo de saber. Os analistas — essa

---

[23] LACAN, Jacques. *"De um desígnio"*. *Idem*, p. 365-369.
[24] LACAN, Jacques. "Introdução à edição alemã de um primeiro volume dos *Escritos*". In: *Outros escritos*. Trad. Vera Ribeiro. Rio de Janeiro: Zahar, 2003, p. 550-556.
[25] *Idem*, p. 555.
[26] LACAN, Jacques. "Nota italiana". *Idem*, p. 313.

é a frase que eu procuro há muito tempo, e eu a encontrei —, "aqueles que por simplesmente se colocarem como tais possuem emprego nisso".[27] Essa frase nos fala do analista que funciona, ele se diz analista, e isso basta para ele tenha um emprego, ao que Lacan acrescenta: "e eu o concedo por esse simples fato". Lacan continua: os analistas, digo agora no sentido pleno, que eles me sigam ou não, está aí o que dá essa ideia que é preciso algo da paixão da ignorância. Temos aí um complemento do parágrafo que comentei da última vez: o analista$_1$ que funciona, é certo que ele existe, o analista$_2$ coloca-se um ponto de interrogação, tenta-se caracterizá-lo. O analista pode funcionar perfeitamente com uma paixão da ignorância e um não querer saber nada; por outro lado, procura-se aquele que seria analista, e para este aí, o pressuposto é que o desejo de saber lhe tenha advindo.

Podemos ter certeza de que esta é uma tese em Lacan, que não é circunstancial: ele insistiu muito nisso, até mesmo dizendo do horror que os analistas têm de seus atos, ou seja, que não querem saber o que eles estão fazendo; e em segundo lugar, chegando a dizer, no seminário *Mais, ainda*, que os analistas têm horror com o que lhes terá sido revelado; ele os compara aos cristãos que, segundo ele, também teriam horror. O que teria sido revelado a eles? É a existência do inconsciente e as consequências que isso acarreta para os infelizes falantes. Isso

---

[27] LACAN, Jacques. "Introdução à edição alemã de um primeiro volume dos *Escritos*". *Idem,* p. 555.

será esclarecido um pouco mais tarde, do que é feito esse horror. Mas, enfim, é uma tese muito forte, em Lacan, que o analista pode operar sem o desejo de saber.

Há consequências a serem extraídas, comentarei sobre elas na próxima vez. Em todo caso, há aqui uma primeira definição do ser do analista: um falante a quem adveio o desejo de saber. Não se trata apenas do saber do inconsciente, trata-se disso que o saber do inconsciente, que trabalha sozinho, engaja como consequência no falante. E ele nos diz, com isso, "já", o analista, aquele que o é, não analista$_1$, mas o analista$_2$, ele é o rebotalho da humanidade, não o rebotalho de um tratamento, mas o rebotalho da humanidade. Rebotalho significa duas coisas: ele é rejeitado. Mas é preciso acrescentar a ideia do "sem valor". Vocês podem se lembrar disso quando se depararam com essa expressão, sob a pena de Lacan, "a psicanálise é uma prática sem valor". Como dedicar sua vida a uma prática sem valor? Mas é uma daquelas fórmulas próprias de Lacan, que são equívocas. Em todo caso, a análise é sem valor para a dita humanidade que está no clamor.

AULA 4

11 de fevereiro de 2008

Continuo este texto fascinante. Hoje vou comentar a passagem que já mencionei da última vez, no início da página 313 dos *Outros escritos* — "Só existe analista se esse desejo lhe advier"[1] — e vou até a metade da página, no final do parágrafo que termina com "razão alguma garante ser um feliz acaso [*bon heur*]"[2].

Colocarei no quadro o parágrafo que eu tinha comentado da última vez insistindo no fato de que, no que diz respeito à ciência, há um saber que é um saber no real. Relembro que é a condição necessária para que a ciência apareça, mas não é suficiente, e a condição suficiente, se somada à necessária, foi seduzir o mestre. Do mesmo modo, Lacan havia formulado que, no que diz respeito à psicanálise, há uma condição necessária, isso que ele chama de "esse outro saber" num outro lugar, no lugar da verdade, e há uma condição suficiente, que deve ser

---

[1] LACAN, Jacques. "Nota italiana". In: *Outros escritos*. Trad. Vera Ribeiro. Rio de Janeiro: Zahar, 2003, p. 313.
[2] *Idem, ibidem.*

somada à primeira para que a psicanálise emerja, trata-se do clamor da humanidade. Clamor de humanidade é um nome para o mal-estar na civilização, de certa forma, exceto pelo fato de que isso ressoa do lado do *páthos*, mais do que o mal-estar na civilização. Aí talvez haja uma diferença de temperamentos que se exprime. Lacan dá uma definição disso que se pode dizer original, única, ou seja, que a humanidade se define pelo não querer saber. O saber não é feito para ela, pois ela não o quer. Um pouco mais adiante no texto, vemos que Lacan evoca o horror de saber, mas o horror de saber não se aplica à humanidade, já digo isso de antemão. Ela não quer o saber. Quanto ao clamor, de que se trata? É a demanda de felicidade, pois o restante do texto evoca várias vezes o problema da felicidade.

O analista, duas vezes rebotalho

Eu havia terminado nessa frase: "Só existe analista se esse desejo lhe advier", esse desejo de saber, "que já por isso ele seja rebotalho [*rebut*] da dita (humanidade)". Ele é, então, o rejeitado, fora do perímetro da humanidade. A ideia dessa posição de exclusão... Não é exclusão, exclusão não é um bom termo, quando falamos de exclusão sempre acreditamos que é o outro que te exclui. Não é isso. É uma posição específica: ele está fora.

Essa ideia, Lacan a utiliza com frequência, vocês lembram que ele comparava o psicanalista com o santo[3].

---

[3] LACAN, Jacques. "Televisão". *Idem*, p. 518-519.

O santo está na mesma posição de dejeto já que o santo se define, por assim dizer, por ser o rebotalho das vias canônicas da religião. Por isso ele só tem uma auréola depois de sua morte, e nem sempre — durante sua vida, é outra coisa. Para tomar uma expressão mais trivial, ao analista, supõe-se que ele saia do rebanho. Não estou dizendo que, observando as comunidades analíticas, se tenha uma sensação imediata disso, mas enfim, nunca se sabe, nas multidões podem se esconder rebotalhos que não estão à vista. Pode-se divertir com isso, contudo, em todo caso, foi realmente essa a ideia de Lacan.

Então: "Só existe analista se esse desejo lhe advier, que já por isso..."[4]. Este "já" pede um comentário e, além disso, o próprio Lacan diz: "Digo-o desde já" na linha seguinte. O que significa esse "já"? Ele faz um comentário sobre esse ponto, mas eu faço outro primeiro, antes de ir ao dele. A meu ver, o "já" significa que, antes de ser o rebotalho da operação analítica, ele já deve ser um rebotalho. Para poder, basicamente, assumir, sustentar, ser o rebotalho, o resto, a queda da operação analítica, é preciso que já, desde antes, ele tenha sido rebotalho. Portanto, não é o mesmo rebotalho. O rebotalho da humanidade e o rebotalho da operação analítica são faz dois rebotalhos diferentes. O "rebotalho da humanidade" é uma expressão que tenta definir uma espécie de disposição para o ser do analista, uma opção portanto, ao passo que dizer que ele é o "rebotalho da operação", isso designa seu lugar e sua função na psicanálise.

[4] LACAN, Jacques. "Nota italiana". *Idem*, p. 313.

Abro um comentário que se conecta com os problemas centrais para a questão do passe, pois Lacan avança aqui algo que poderia esclarecer o que ele chamou e considerou o paradoxo do ato analítico.

Lacan começou a desenvolver o paradoxo do ato analítico em seu seminário sobre *O ato psicanalítico*, e voltou a isso no final do seminário *De um Outro ao outro*, para dizer: "não terminei o que tinha a dizer". É afirmar que é muito paradoxal que se escolha, que um sujeito opte por assumir o ato analítico, que é um ato que lhe promete a posição de rebotalho. Este é o paradoxo do ato analítico. É nesse texto posterior aos textos de 1967-69, que Lacan nos diz que o analista, de todo modo, já era um rebotalho, se fosse analista$_2$ claro. Isso resolveria um pouco o paradoxo pois, se ele já fosse um rebotalho, então haveria o franqueamento [*franchissement*] — guardem este termo — do "não quero saber nada disso" inerente a todo sujeito; é disso que Lacan faz a primeira condição da produção de um analista.

A marca

Ora, como Lacan comenta seu "já"? Ele diz, no início da página 313: "Digo-o desde já: essa é a condição da qual, por alguma faceta de suas aventuras, o analista deve trazer a marca. Cabe a seus congêneres 'saber' encontrá-la". Essa frase já foi muito comentada. Portanto, "a marca": a primeira coisa a dizer sobre ela é que a marca não é o significante. Devemos lembrar os numerosos desenvolvimentos de Lacan sobre este ponto, há vários deles no seminário sobre *A angústia*[5], ele volta a isso em *De um Outro ao outro*, enfim eles estão por toda parte. A marca não é o significante, que pode ser definido como o que é o apagamento do traço subjetivo. E os "congêneres", eis aí um termo que pertence ao registro animal e não ao registro do sujeito, não se fala de sujeitos como congêneres. Os "congêneres", aqui, são aqueles que portam a mesma marca, ou que são supostos tê-la pois, é como para o analista, existe sempre o risco de que não haja.

Portanto, a marca — que não é o significante, justamente —, a marca é, em todo caso, um traço, mas é o traço de uma experiência, ao menos neste caso. Se vocês olharem no dicionário, há muitos significados para a palavra "traço", mas eles são bastante convergentes: uma marca é o traço de uma experiência, e é bem isso que dizemos na língua, dizemos "isso me marcou", "fui marcado por". E isso não significa de forma alguma que se tenha feito a experiência passar para o significante. Significa o contrário. "Me marcou", isso quer dizer que permanece indelével, de tal modo que, precisamente, não se consegue apagar o traço para passá-lo ao significante, pois, desde que isso passe ao significante, se está liberado da marca. Um traço, é claro, pode funcionar como um signo, um signo que se endereça a outros ou que os outros identificam, e é bem o que ele diz: há congêneres que podem localizar esse traço e reconhecer nele o signo, o signo de

---

[5] LACAN, Jacques. *O Seminário, livro 10: A angústia*. Trad. Angelina Harari. Rio de Janeiro: Zahar, 2005.

uma experiência em comum. Claro, Lacan diz um pouco mais, diz que é por "por alguma faceta de suas aventuras", expressão curiosa, que "o analista deve trazer a marca".

Assim, quem navega em nosso meio lacaniano, há algum tempo e antes do próprio Campo Lacaniano, sem dúvida se lembrará de como essa frase foi comentada. Pensou-se que as aventuras em questão eram aventuras biográficas, que dependiam da história de cada um, e vimos um certo número de colegas começar a refletir e a dizer que "sim, uh!" quando examinavam seu passado, podiam encontrar, como direi, precursores. Precursores de quê? Daquilo que lhes foi prometido serem os rebotalhos. É engraçado porque, na verdade, rebotalho evoca o *sicut palea*, que vem um pouco mais adiante no texto e que Lacan utilizou para o momento do passe, em referência a São Tomás, e que coloca uma equivalência entre o objeto *a*, aqui o objeto dejeto, *palea*, e tudo o que o sujeito S barrado [$] pôde dizer e fazer também. Este *sicut palea*, contrariamente às aparências, não é um juízo de valor na pena de Lacan, baseia-se numa impossibilidade lógica e na topologia do objeto *a*, pelo que não se enquadra em nenhum *páthos*. Por outro lado, é no neurótico que se encontram os juízos de valor que se prestam à confusão com o *sicut palea* lógico. O neurótico é afeiçoado a juízos de valor e com que frequência o ouvimos dizer "sou um merda, o que digo não vale nada, não chegarei a lugar algum, não vou fazer nada", mas isso começa antes da análise, no início, não é resultado da análise.

Creio pois que as aventuras em questão — enfim, este ponto vou desenvolvê-lo no meu curso, nem hoje nem aqui —, as aventuras de que ele fala, são sobretudo aquelas da análise, trata-se do que foi a análise como aventura. Além disso, se a marca fosse biográfica, para que serviria a análise? Podemos encontrar indicações convergentes em 1976, no "Prefácio à edição inglesa do *Seminário 11*". Lacan fala aí da "histoerização" do passe, com "oe", "histoerização" da análise, não da vida do sujeito. "Histoeriza-se" a vida na análise, mas, no passe, segundo Lacan, acredito que é o que ele esperava, tratava-se da histoerização da análise, da aventura analítica: qual foi a sua questão de entrada, como começou, como se resolveu ou não se resolveu, o que restou ou não, é a aventura analítica. Portanto, a marca da aventura analítica que o levou a transpor o "não querer saber nada disso", é disso que se trata.

Observem que Lacan diz "Cabe a seus congêneres 'saber' encontrá-la" e ele coloca 'saber' entre aspas. Quem são os congêneres? "Cabe a seus congêneres 'saber' encontrá-la", isso implica que ele não dá uma definição da marca e que não há definição de marca. Aviso aos cartéis do passe: não há saber sobre a marca analítica. A ideia de Lacan é que, justamente porque se trata de uma marca que não passa ao significante, somente os congêneres, no sentido daqueles que carregam a mesma marca ou uma marca homóloga de uma experiência homóloga, poderão encontrá-la. Vemos nas entrelinhas a dificuldade do dispositivo: é preciso que haja congêneres, pois só os congêneres podem encontrar essa marca, que não se transmite como se transmite o significante.

Abro um pequeno parêntese para sair um pouco do texto. Há outro texto em que Lacan evoca algo dessa ordem — que se reconhece e que não é da ordem do significante —; é no final do seminário *Mais, ainda*, quando tenta dar uma nova definição do "amor". No amor, nos reconhecemos na relação com o inconsciente, ele não diz que nos reconhecemos na marca que portamos do inconsciente, mas na relação com o inconsciente. É a mesma problemática, não é? — Nem tudo é saber, há o saber, a psicanálise promove um saber diferente da ciência, mas nem tudo é saber. Daí, quando ele coloca "saber" entre aspas é justamente para destacar, as aspas, para insistir no fato de que, ali, "saber" é um verbo, o verbo *saber*, "eu *sei* encontrá-la [a marca]", mas não se trata de um saber no sentido do substantivo. Um saber é um conjunto de significantes, um, um, um, um, não sabemos até onde. "*Saber* encontrá-la [a marca]" não se trata de um saber, e deve-se acrescentar que tampouco é um instinto, apesar da palavra "congêneres", que poderia nos orientar em direção ao instinto. Não é como o cão farejador que sabe encontrar as trufas. Nesse caso, trata-se do instinto, não sabemos de onde isso vem, é algo que funciona como um saber, mas um saber sem o significante, em ato, na prática, ele sabe reconhecer em alguma coisa a presença das trufas. Enfim, tudo isso para dizer que a marca não é marca da predisposição à análise, mas da experiência feita. Inclusive, não há outra predisposição que a antecipação do final da análise.

Dois saberes

Continuo a leitura. Depois de ter dito "cabe a seus congêneres saber encontrá-la", a marca, ele continua: "Salta aos olhos — pelo menos aos de Lacan — que isso supõe um outro saber elaborado de antemão, do qual o saber científico forneceu o modelo e pelo qual tem a responsabilidade"[6]. Aqui, "isso" designa o quê? "Isso" designa "saber encontrá-la". Saber encontrá-la, a marca, supõe um saber elaborado de antemão. O que é esse "saber elaborado de antemão"? O "saber elaborado de antemão" do qual o saber da ciência é o modelo, isso só pode ser o saber do inconsciente, esse outro saber que está no lugar da verdade, do qual Lacan nos disse, nós o comentávamos na vez passada, que de fato esse saber dependia da emergência do saber da ciência. Pode-se dizer assim: a elaboração do saber da ciência, que é um saber no real, deu o modelo do saber inconsciente elaborado por Freud.

Há, portanto, três usos do termo "saber" nesse parágrafo — estou aqui no começo da página 313: há o saber da ciência, que vem no lugar da produção no discurso da ciência, estruturado como o discurso histérico; há o saber do inconsciente, aquele que Freud chegou a decifrar; e depois, há o "saber encontrar" a marca, que é uma coisa completamente diferente, eu o disse, mas que supõe o saber do inconsciente. É bastante claro. Portanto, evidentemente, nós poderíamos insistir — Lacan o fez várias vezes — sobre o saber da ciência e o saber do inconsciente. No fundo, há diferentes formas de abordar o saber no real, mas Lacan insiste muito em dizer que isso deriva do

---

[6] LACAN, Jacques. "Nota italiana". In: *Outros escritos*. Trad. Vera Ribeiro. Rio de Janeiro: Zahar, 2003, p. 313.

nome, necessariamente, o saber no real, e que as fórmulas da ciência se referem ao nome. Na psicanálise, o saber do inconsciente não se refere ao nome, ele se refere à cifra, ou seja, à cifragem, a substituição dos elementos unários, que nós chamamos de significantes, a substituição de uns pelos outros. Vocês sabem que há muitos textos em que Lacan discute se é mais elaborado contar [*compter*] ou cifrar [*chiffrer*], por exemplo no texto *...ou pior*. No relatório do seminário "*...ou pior*"[7], ele faz considerações sobre o número, a contagem e a cifragem. Em todo caso, o saber do inconsciente trabalha para a cifragem, é uma máquina de cifrar, uma máquina cega, automática, por assim dizer. A decifração de Freud postula uma cifragem prévia, de certa forma. Assim, temos a afirmação de que a decifração do saber inconsciente, portanto, o saber em jogo na psicanálise, é suposta como anterior a saber encontrar a marca do rebotalho.

Douta ignorância e desejo inédito

Vem em seguida uma frase sobre a qual, devo dizer, não consigo chegar grandes conclusões, vou lhes contar minha hipótese. Lacan escreve: o saber, "do qual o saber científico forneceu o modelo e pelo qual tem a responsabilidade", já comentei isso. E continua: "É justamente aquela" — aquela responsabilidade — "que lhe imputo". A que se refere o "lhe"? Gramaticalmente, só pode se

---

[7] LACAN, Jacques. "*...ou pior* — Relatório do Seminário de 1971-1972". *Idem*, p. 544-549.

referir ao conhecimento científico. "É justamente aquela que lhe imputo, de haver transmitido unicamente aos rebotalhos da douta ignorância um desejo inédito"[8]. Os rebotalhos da douta ignorância. A expressão é perfeitamente equívoca: significaria que os doutos ignorantes são rebotalhos, assim como o analista pode sê-lo em seu discurso, ou significaria que são rebotalhos aqueles que não se contentam com a douta ignorância? Não podemos decidir gramaticalmente. Lacan falou positivamente da douta ignorância, tomou Baltasar Gracián como modelo dessa douta ignorância, e isso data de antes da ciência. Ele sempre a positivou, distinguindo-a do "não quero saber nada disso", porque, atenção, na douta ignorância há "do saber", saber do impossível de saber que habita o Outro. É uma ignorância portanto, estruturalmente programada pela linguagem, a ignorância de quem sabe. Assim, nesse sentido, poderíamos pensar que o douto ignorante é duplamente rebotalho. Como douto, ele é o rebotalho da humanidade que não quer saber, porque ele sabe, tudo o que se sabe no momento em que ele se encontra, ele é basicamente o herdeiro da *epistemé* grega, com seus sábios que por vinte séculos se acreditaram ser sujeitos, como Lacan diz, apenas das dissertações mais ou menos eloquentes, completamente opostas ao saber no real. Como ignorante, ele é rebotalho da própria *epistemé* grega, porque sabe que no coração do saber dissertativo há o não sabido [*l'insu*]. Mas foi a esse douto ignorante

---

[8] LACAN, Jacques. "Nota italiana". *Idem*, p. 313.

que a ciência transmitiu um desejo inédito? Não seria, antes, aos que já eram rebotalhos por não se contentarem com esse pseudossaber? É uma pergunta.

O que está assegurado neste texto, por outro lado, é que a ciência, com seu saber específicos transmitiu um desejo inédito a outros, para além dos seus próprios agentes, os cientistas, e foi isso que permitiu o surgimento de Freud e seu outro saber.

Os amores de Freud com a verdade

Um desejo inédito, portanto, "O qual se trata de verificar: para fazer 'do analista'"[9]. "Verificar", o que significa isso? Verificar se está lá e/ou verificar se realmente é inédito? No sentido banal e corrente do termo, certificar-se de que está lá equivaleria a dizer "saber encontrar a marca". Mas "verificar", nos textos de Lacan, tem também muitas vezes o sentido de fazer passar ao dizer da verdade, fazer passar ao verdadeiro, e é justamente nesse sentido que ele fala do passe no texto de 1976 "Prefácio à edição inglesa do *Seminário 11*"[10]. Segue-se então esta frase, de uma força incrível, inaudita, que passa discretamente, mas que implica uma tese muito forte — e que diz o quê? Que diz que Freud não encarna o desejo do analista. Em outras palavras, nenhum passe freudiano ao analista.

---

[9] *Idem, ibidem*. Tradução modificada.
[10] LACAN, Jacques. "Prefácio à edição inglesa do *Seminário 11*". *Idem*, p. 567-569.

Vocês leram a frase: "Haja o que houver com o que a ciência deve à estrutura histérica" — é a incitação histérico-socrática, segundo Lacan, que conseguiu insuflar, progredir até o florescimento da ciência, um desejo de saber, não importa qual — "o romance de Freud são seus amores com a verdade"[11].

O "romance" de Freud, vocês podem ver claramente que este termo, creio, deve ser ponderado com as aventuras, com o termo "aventura", trata-se de um vocabulário que não pertence, digamos, ao vocabulário especificamente analítico, é vocabulário da língua corrente. Do romance, obviamente, não esqueçamos que o primeiro grande uso deste termo é em romance do neurótico. Evidentemente, quando Lacan nos diz do romance de Freud há, de modo latente, a neurose de Freud. Da qual Lacan, aliás, não se esquivou de evocar explicitamente, especialmente em relação a *Totem e Tabu*, quando diz: "*Totem e tabu* é o produto da neurose de Freud, da sua relação com o pai*", ao que acrescenta que isso não invalida o que se pode extrair de *Totem e tabu*, pois o que é próprio da neurose é manifestar a verdade, e que, como a verdade nos interessa sempre, podemos tirar daí ensinamentos, é claro, com o produto de uma neurose, é lógico. O romance de Freud, então, são seus amores com a verdade, o que quer dizer que Freud não cumpriu o programa histérico. A ciência deve algo à estrutura histérica e Freud certamente deve muito às histéricas, mas ele não cumpriu o

---

[11] LACAN, Jacques. "Nota italiana". *Idem*, p. 313.

programa histérico que consistiria em produzir, como fez a ciência, um saber que valha por um saber no real.

De fato, Lacan está nos falando do limite da análise freudiana que se deteve nos amores com a verdade, sem passar ao saber. O que justifica ele poder dizer isso de Freud, porque o saber inconsciente, basicamente, nós o devemos a Freud — e Lacan não contesta isso, ele sempre o disse —, foi Freud quem interrogou o inconsciente como um saber, um saber que ele decifra. Todas as primeiras obras de Freud, *A interpretação dos sonhos*, o *Witz*, *A psicopatologia da vida cotidiana*, são exercícios de decifração, primeira operação, exercícios de decifração. Mas decifrar por si só não é suficiente, ela não basta para Freud porque a decifração por si mesma não entrega seu significado, não entrega sua mensagem. A decifração em Freud se completa por uma interpretação que visa a verdade, concretamente, por uma interpretação que busca dizer o que se diz no que se decifra, não posso dizer melhor a operação freudiana, ela interpreta o que se diz no que se decifra.

A decifração entrega a cadeia, é preciso saber ainda o que na cadeia se diz, e em toda a prática de Freud trata-se disso, de rastrear a verdade que se diz na cadeia que ele decifra. Ele chama essa verdade de desejo — muito bom, ótimo. Além de rastrear a verdade, Freud gostaria de alcançar uma verdade toda, embora tenha sido ele quem reconheceu a impotência da verdade, com seu recalque originário e o umbigo do sonho. Há um buraco na cadeia, e se houver um buraco na cadeia, a verdade se fragmenta ou permanece um enigma. A ambição de Lacan, e o que está em jogo no passe, é efetivamente ultrapassar o meio-dizer da verdade. Além disso, há um texto que citei recentemente em meu curso que é o "Posfácio ao *Seminário 11*"[12], em que Lacan diz que não é na fala [*parole*], que não é aquilo que se diz que se interpreta. É realmente um passo além de Freud.

O inconveniente do romance e dos amores com a verdade, é que eles são sem fim e programam a análise infinita, pois não há termo para o "eu falo" da verdade, ela nunca para e ela nunca diz a verdade toda, meio-dizer infinito. Assim, deve-se ver claramente aqui que a crítica de Lacan não é uma crítica à pessoa de Freud, é uma crítica ao ponto para onde ele conduziu a análise — todos o reconhecem por isso pois, se ele não o tivesse feito, não estaríamos aqui —, mas é também dizer que há sim uma possibilidade de sair da deriva infinita da verdade mentirosa e, portanto, também de uma análise interminável, que pode certamente parar um dia porque dizemos a nós mesmos, basta, mas sem que o processo tenha encontrado um fim. Em todo caso, Lacan insiste na seguinte frase: Freud é "o modelo do qual o analista, quando existe" — sempre a suspensão do "quando" —, "representa a queda, o rebotalho, disse eu, mas não qualquer um."[13]

A psicanálise é freudiana em seu processo, mas o analista não é freudiano. O analista, em seu ser, não é freudiano, ele é o rebotalho do modelo freudiano, retirado do modelo freudiano, passando pelo modelo freudiano,

---

[12] LACAN, Jacques. "Posfácio ao *Seminário 11*". *Idem*, p. 503-507.
[13] LACAN, Jacques. "Nota italiana". *Idem*, p. 313.

senão não há análise nenhuma, mas para além do modelo freudiano. Finalmente, formulei as coisas assim há muito tempo em um colóquio no qual nos perguntamos sobre a natureza freudiana da psicanálise, e cheguei a esta ideia: a psicanálise é freudiana em seu processo, o analista, ele é lacaniano, o analista definido neste texto como o rebotalho da humanidade, pode-se dizer também que ele é o rebotalho da verdade porque a humanidade adora a verdade, corre atrás dela, mas isso vai junto com o "não quero saber nada disso". Por fim, é necessário destacar isso pois há uma virtude em buscar a verdade na psicanálise, ela só não é o termo final. Então, o conceito de analista é verdadeiramente lacaniano, porém, quanto a Lacan, ele não se jacta quando diz "quando há um".

Pergunta: "Quando há um" pode se referir a Freud?
Resposta: Não. O modelo de Freud com seus amores com a verdade não é o modelo do analista; quando há um, isso representa a queda desses amores, não há analista a não ser que haja uma queda dos amores com a verdade. Há uma passagem famosa em que ele diz que "qualquer um que se dissesse mordido pela verdade seria um mau analista"[14]. Por conseguinte não podemos dizer a verdade sobre o real, o modelo freudiano é um modelo que

---

[14] Nota da edição francesa: "Mas é preciso dizer que, para se constituir como analista, é preciso ser estranhamente mordido: mordido por Freud principalmente, isto é, acreditar naquela coisa absolutamente louca que se chama inconsciente e que tentei traduzir como 'o sujeito suposto saber'." LACAN, Jacques. *Cartas à Escola Freudiana*, nº 23, abril de 1978, p. 180-181.

não conseguiu delimitar teoricamente nem abordar na prática o que há de real na estrutura. É por isso que um pouco mais adiante vocês verão Lacan falar do saber da psicanálise acedendo ao real, é mais adiante. Voltaremos a isso.

A ciência e o feliz acaso [bon heur]

Eu estava prestes a ir para o último parágrafo da parte que escolhi, sempre há uma característica que me impressiona no estilo de Lacan, ele tem frases curtas que transmitem teses imensas, como "O romance de Freud são seus amores com a verdade" do qual "o modelo do qual o analista, quando existe, representa a queda" [deste modelo][15]. Daí ele vai para um parágrafo onde nos detemos e desenvolve algo que não é mais o cerne de seu ponto.

Aqui está o parágrafo: "Acreditar que a ciência é verdadeira a pretexto de que é transmissível (matematicamente) é uma ideia propriamente delirante"[16]. Isso obviamente é insistir no fato de que o saber da ciência exclui a verdade. Quando dizemos que ela foraclui o sujeito, isso quer dizer que ela foraclui a verdade. O alvo aqui é Freud, pois dedicar-se à verdade como Freud não permite que a psicanálise seja elevada ao seu estatuto científico. "[...] uma ideia propriamente delirante, que cada um de seus passos refuta ao repelir para os idos tempos uma primeira formulação".

---

[15] LACAN, Jacques. "Nota italiana". In: *Outros escritos*. Trad. Vera Ribeiro. Rio de Janeiro: Zahar, 2003, p. 313.
[16] *Idem, ibidem.*

Algo já conhecido, aí. Ele volta à ciência. A ciência é saber, mas sem a verdade. Porque ela, a ciência, é sem a verdade, ela progride sem memória, "repele para os idos tempos uma primeira formulação". Sem memória, anulando seu passado, basicamente, é por isso que não há pais fundadores na ciência. Certamente há grandes nomes próprios que se ligam aos passos das descobertas, mas nenhum pai fundador, como na literatura, nas humanidades ou na psicanálise, onde o nome de Freud não pode ser apagado e referido aos idos tempos, mesmo se dizemos que Lacan deu um passo a mais; mas um passo a mais não remete aos tempos idos para chegar até aquele que é o próprio inventor do dispositivo, do qual Lacan extraiu o discurso. Isso porque, na ciência, a dimensão da enunciação se apaga dando lugar ao saber no real.

Uma observação final e então paro para que tenhamos alguns minutos de troca. Podemos, na psicanálise, fazer aceder ao real um saber que está no lugar da verdade? A última frase de Lacan comenta esse saber no real, ele diz: é uma "ordem que nada tem a ver com a ordem imaginada de antes da ciência", portanto nada a ver com os cientistas das dissertações que evocou, e acrescenta, "mas a qual razão alguma garante ser um feliz acaso [bon heur]". É uma frase sobre um tema obviamente muito significativo em Lacan: saber o que a ciência promete à humanidade. Se você ler o seminário sobre *A ética da psicanálise*[17], no

---

[17] LACAN, Jacques. *O Seminário, livro 7: A ética da psicanálise*. Trad. Antonio Quinet. Rio de Janeiro: Jorge Zahar Editor, 2008.

último capítulo, Lacan fala do desejo da ciência. Ele até diz que o desejo, que no passado, no tempo da tragédia, podia ser ilustrado por Antígona, em nossa época o desejo se refugiou na ciência, e termina dizendo que verdadeiramente não sabemos o que ele promete, quando devorarmos todo o livro do saber científico; este é o fim do seminário da *Ética*.

Obviamente, quanto mais o tempo passa, mais temos a ideia, o sentimento, de que a ciência, com todo o seu progresso técnico, não promete "os róseos amanhãs"[18]. Vejam como Lacan o diz de modo elíptico: "razão alguma garante ser um feliz acaso" e ele escreve "felicidade" [*bonheur*] em duas palavras [*bon heur*], para evocar essa palavra que comumente significa a "felicidade" [*félicité*], a hora [*heure*], que evoca a contingência. Quando Lacan disser "o sujeito é feliz", isso quer dizer que ele está à mercê da contingência, particularmente no domínio do amor, que certamente tem determinantes, mas obedece ao regime do encontro. Assim, quando Lacan diz: a ciência promove uma ordem que não garante ser um feliz acaso isso não está apenas nos dizendo que nos promete mais desastres do que benefícios, mas também nos diz que visa reduzir a contingência. No fundo, de forma elíptica, é uma frase que ressoa na época atual na qual há todos esses debates em torno do reducionismo cientificista, onde busca-se, basicamente, reduzir tudo o que chamamos de sujeito ao

---

[18] LACAN, Jacques. "Televisão". In: *Outros escritos*. Trad. Vera Ribeiro. Rio de Janeiro: Zahar, 2003, p. 540.

seu cérebro, seus hormônios, seus genes. E por que fazê-lo? Por que isso excita tanto os referidos pesquisadores? Excita-os porque nessa perspectiva pode haver a possibilidade de finalmente dominar o que há de indominável no que se convencionou chamar de "humanidade". Por trás da ambição científica, não esqueçamos que existe uma ética que sempre foi uma ética de dominação. A ciência não é o saber pelo saber, como falamos da "arte pela arte". A ciência é uma grande máquina, não é mais o sábio sozinho em seu escritório, é uma máquina social que visa o saber para a dominação, disso não há dúvida. Se vocês duvidarem, veja o grande progresso que a ciência fez por ocasião das guerras. Por que durante as guerras? Porque, como verificamos na era da ciência, ganha-se uma guerra com o saber e até com o saber biológico, temos exemplos disso.

Houve uma época em que Lacan falava muito das ciências conjecturais, para dizer que se podia abordar racionalmente o que só se prestava à conjectura, ciências, portanto, que deixavam espaço para *tykhe*: sim, mas hoje, com pesquisas sobre humanos como máquinas orgânicas, não estamos mais nas ciências conjecturais. As ciências da vida não são conjecturais, são complexas, mas não conjecturais.

Mais uma observação. Entre o amor à verdade e a produção do saber, há a religião, da qual este texto não fala, a religião que em nossa época experimenta uma ascensão inesperada. Lacan o havia previsto, confirma-se hoje e certamente devemos lembrar que o amor à verdade, ele o põe de mãos dadas com a religião, pois chega a falar da religião da verdade. Bom, eu vou deixar isso em suspenso.

[Uma observação da sala.]

Há um texto muito curto, uma palestra de Lacan na Itália, onde ele faz um discurso sobre os cientistas, que eu devo dizer que à época eu achei delirante. Ali, isso se verifica completamente. Eu acho que você tem razão em colocar essas duas coisas juntas. Enquanto isso ainda parecia muito estranho na década de 1970, tanto as guerras bacteriológicas quanto o triunfo da religião, hoje infelizmente...

AULA 5

17 de março de 2008

A metáfora do crivo

Hoje, vou comentar o parágrafo do meio da página 313, a frase que começa com: "Se o analista se criva do rebotalho de que falei [...]"[1], e penso em ir até o começo da parte seguinte, na página 314, que começa com a frase: "Articulo agora as coisas para as pessoas que me ouvem"[2]. Vou ler gradualmente: "Se o analista se criva do rebotalho de que falei [...]". A palavra rebotalho refere-se aqui a uma frase que está num parágrafo acima. Retomo a continuação do texto, Lacan falou de Freud e do que chama de "seus amores com a verdade", e continuou dizendo: "Ou seja, o modelo do qual o analista, quando existe, representa a queda, o rebotalho, disse eu, mas não qualquer um".

O modelo do analista é o rebotalho dos amores com a verdade. Há muitos textos de Lacan que colocam o

---

[1] LACAN, Jacques. "Nota italiana". In: *Outros escritos*. Trad. Vera Ribeiro. Rio de Janeiro: Zahar, 2003, p. 313.
[2] *Idem*, p. 314.

problema da relação com a verdade que conviria a um fim de análise, a mudança que um fim de análise deveria produzir na relação com a verdade. Ele volta a isso um pouco mais adiante no texto, veremos na sequência. Podemos enfatizar mesmo assim o termo "queda", que Lacan usou com muita frequência, em conexão com o objeto *a*, queda do objeto *a*. É, aliás, no fio desta frase que ele diz: "Se o analista se criva do rebotalho [...]"[3].

"Criva r-se" [*vanner*], em francês, é um termo relativamente antigo. Vem de *"van"*, "crivo", que designava uma determinada cesta na qual, no campo, antigamente, em tempos distantes, se sacudia o grão para separá-lo das fibras, das pedrinhas, de tudo o que podia estar misturado ao grão. Portanto, crivar é "triar", poderíamos dizer "peneirar". Mas não, porque, ao peneirar, o que passa pelos buracos é o grão bom e os detritos que vamos jogar fora ficam na peneira. Crivar é peneirar do avesso, guardamos o grão no cesto de cima e são os resíduos que caem. Vocês sabem, Lacan fazia um uso muito apropriado das palavras e, portanto, crivar-se significa fazer cair o rebotalho, cair como rebotalho do crivo.

"Se o analista se criva do rebotalho de que falei, é por ter um vislumbre de que humanidade se situa pelo feliz acaso [*bon heur*]". "Ter um vislumbre", "*avoir un aperçu*", não é uma expressão tão forte quanto se ele tivesse dito "ele sabe que a humanidade" etc.; "ter um vislumbre" é, reutilizei essa expressão em outro lugar,

---

[3] *Idem*, p. 313.

"dar uma olhada", não estamos no que implicaria um saber articulado.

O feliz acaso [bon heur]

"É [...] ter um vislumbre de que a humanidade se situa pelo feliz acaso", escrito como Lacan faz em duas palavras, *"bon" "heur"*, ao que ele escreve entre parênteses "(é onde ela está banhada: para ela, só existe o feliz acaso)". Aqui, portanto, está uma pequena consideração sobre a humanidade que ecoa o que comentamos nos encontros anteriores, o clamor; quer dizer, o clamor da infelicidade da dita humanidade. Neste momento, o feliz acaso é, ao mesmo tempo, uma tese fundamental e, obviamente, uma malícia de Lacan: a humanidade que proclama sua infelicidade estaria no feliz acaso. A tese se deve inteiramente ao fato de se escrever felicidade em duas palavras, o que muda o sentido da palavra "felicidade" [*bonheur*] em direção do *"heur"*, ou seja, do acaso, da boa sorte do encontro casual. Essa é uma tese que vocês encontram em "Televisão"[4], precisamente depois de vários parágrafos onde Lacan fala dos afetos e evoca as paixões da alma, São Tomás, com o famoso parágrafo sobre a tristeza, depois sobre a covardia da psicose maníaca, enfim o "gaio issaber", que é uma virtude. E é aí que Lacan pergunta: "Nisso tudo, onde está o que te traz felicidade, feliz acaso? Exatamente em toda parte. O sujeito é feliz.

---

[4] LACAN, Jacques. "Televisão". In: *Outros escritos*. Trad. Vera Ribeiro. Rio de Janeiro: Zahar, 2003, p. 524-525.

Esta é até sua definição, já que ele só pode dever tudo ao acaso, à fortuna, em outras palavras, e que todo acaso lhe é bom para aquilo que o sustenta, ou seja, para que ele se repita"[5]. A tese, de fato, é uma tese precisa. Basicamente, é uma tese sobre o amor, sobre o que pode ser um objeto que complementa o sujeito no amor.

Dizer que o objeto decorre do encontro é dizer que ele não está programado pelo inconsciente. Há toda uma questão na psicanálise para saber como o amor está ligado ao inconsciente. Eu tive que fazer esse recorte específico porque tenho que falar sobre isso em breve nos Estados Unidos, daqui uma semana, então este tema está presente para mim. Freud acentuou a característica repetitiva do amor, a escolha do objeto segundo traços que já estão ali, fixados. É o que já foi chamado de traços de perversão na escolha de objetos. Que sejam, pois, traços que venham dos objetos primordiais que Freud coloca como objetos edipianos, por exemplo, o que a mulher deve à mãe na escolha de objeto de um homem. Para uma mulher é mais complicado, mas enfim, pode-se dizer o que o homem deve ao pai, e também o que o objeto deve aos traços deixados pelos primeiros encontros de gozo, ao mesmo tempo os primeiros objetos e os primeiros gozos.

Vocês lembram do caso de Freud, que é realmente muito interessante, no texto sobre fetichismo, *glanz at the nose*, esse sujeito para quem o nariz da dama tinha que ter um brilho. Aí, nós tínhamos um traço bem preciso, isolado

---

[5] *Idem*, p. 525.

por Freud e, de fato, há toda uma dimensão, seja em torno da escolha de objeto amoroso ou da escolha de objeto de gozo, que tem traços de repetição. Nesse sentido, o amor não se produz *ex nihilo*, é da criação que Lacan pode dizer que ela se produz *ex nihilo*, mas o amor não é *ex nihilo*. Por outro lado, Lacan insistiu muito — não é um tema freudiano, é realmente um tema lacaniano — sobre a contingência do amor, porque dizer *heur*, encontro, isso quer dizer que aplicaremos ao amor o que Lacan também aplica à função fálica: isso cessa de não se escrever na análise, a função fálica, e o encontro de objeto, quaisquer que sejam as marcas de repetição que ele comporta, ele está ligado ao acaso, à boa sorte, mesmo ao feliz acaso da sorte. Que, aliás, como veem, forma para nós um triângulo: repetição, contingência da função fálica, encontro com o amor na boa hora [*l'heure bonne*]. O que nos indica em que via procurar as mudanças que a psicanálise pode trazer ao amor. Se a psicanálise traz mudanças ao amor, todas as mudanças que ela pode trazer nesse plano estão relacionadas à função fálica. A análise não muda a repetição, e o que se repete é a relação com o objeto *a* que faz o sujeito, a análise tampouco pode algo sobre o encontro, sobre o acaso, por definição, mas ela pode alguma coisa sobre o que permite articular o sujeito com o encontro e essa é, de fato, efetivamente, a função da castração.

O horror de saber

Portanto, para a humanidade, só existe "feliz acaso", "*bon heur*", ela se entrega ao bom encontro, é o que se vê em uma análise. Lacan continua: "[...] e é nisso que ele [o analista] deve ter circunscrito a causa de seu horror, o dele próprio, destacado do de todos — horror de saber"[6]. Vocês sabem, Lacan diz no seminário *Mais, ainda* que os psicanalistas são como os cristãos, eles têm horror do que lhes terá sido revelado. Aqui, insiste-se no fato de que o que deve ser circunscrito é específico de cada um. Podemos dizer a castração para todos, claro, mas a sua própria, destacada de todos, algo que provém da singularidade, da forma singular, para cada um, daquilo que ele encontra e daquilo que podemos colocar sob o termo "causa de seu horror de saber". Qual é a causa do horror de saber? É a ideia de que o sujeito que fez uma análise passa por um horror disso que lhe é revelado, horror disso que veio a saber, basicamente, pela via da análise.

Qual é, então, a causa do horror de saber? Podemos comentar isso com muitas expressões de Lacan: o horror de saber, enfim, está ligado ao que Lacan primeiro colocou sob o termo "destituição subjetiva", e que ele reformula aqui dizendo que é um "rebotalho". O sujeito que aspira a ser sujeito, reconhecido como sujeito, enfim, deve descobrir, por meio da análise, que nesse Outro, a quem dirige todas as demandas — e em particular a do amor —, ele não está como sujeito. O sujeito está, em todo caso, fora do Outro, extraído do Outro, ele se deduz do Outro, e, se tem um lugar no Outro, é um lugar como objeto. Então, obviamente, o objeto que se é no Outro é, de fato, a causa

---

[6] LACAN, Jacques. "Nota italiana". *Idem*, p. 313.

do horror de saber. Descobrir-se, saber que se é objeto no Outro, é correlativo a cernir a castração do Outro. Atenção, o horror da castração recai primeiro, para o sujeito, sobre o horror da castração do Outro, do outro a quem se endereça a demanda de amor e do outro a partir do desejo de quem se é desejante; essa é a base, o motor de todas as idealizações do outro, da fantasmagoria do pai ideal, da mãe completa, da estratégia obsessiva. Fazer-se fiador do Outro é também uma forma de não querer saber nada sobre a castração do Outro. Vocês percebem que, nessa frase, Lacan não diz e não insinua que o analista, no que diz respeito ao amor, escapa ao registro do feliz acaso, *"du bon heur"*, do encontro da boa hora, *"heure bonne"*. A diferença que ele escreve aqui não está no nível do feliz acaso; ele inscreve uma diferença no nível do que o analista sabe a partir daí, ou seja, que ele cerniu a causa de seu horror: ele sabe que é um rebotalho.

Ao final do texto, Lacan volta a falar do amor e por isso voltaremos a comentá-lo. Sem dúvida, saber ser um rebotalho reduz as expectativas que podemos colocar no amor. Não estou dizendo que as elimine, não estou dizendo que impeça os sonhos, as nostalgias que colocamos na ideia de finalmente encontrar o suplemento, o complemento que falta, de sair do *um dizer*. Isso deve reduzi-las ao mínimo, pois ter identificado a causa de seu horror equivale a ter vislumbrado um impossível, aquele do acesso ao Outro, barrado pelo acesso repetitivo ao objeto *a*. A humanidade está situada no feliz acaso e não o sabe; e, portanto, se não o sabe, ela espera; e, se espera, evidentemente, ela "clama", se queixa de que isso não acontece, de que isso não tenha acontecido. Aquele que sabe ser um rebotalho, é um saber de um impossível, logicamente espera menos do encontro. "[...] ele sabe ser um rebotalho"[7]. Aqui voltamos ao nosso assunto animado por um novo desejo que é o desejo de saber.

Lacan havia colocado, vejam, desde o início, "só existe analista se este desejo lhe advier"[8] e, para que ele lhe advenha, é obviamente necessário que o desejo de saber suponha um atravessamento do não querer saber, fundado pelo horror de saber. Ele sabe ser um rebotalho, é isso que a análise deve pelo menos tê-lo feito sentir. Vejam todas essas nuances, ele vislumbrou, ele cerniu, ele pelo menos sentiu. Lacan não nos diz que é um saber que se escreve preto no branco, que é um saber matemizado ao fim de uma análise; ele nos diz que é algo aproximado, um vislumbre, mas ao mesmo tempo uma experiência sem volta, que o distingue, que o difere no coração do que ele chama de todos os outros.

Portanto, a análise deve tê-lo feito sentir esse primeiro traço que o distingue. E aqui vem o segundo traço de diferença, do qual já se falou bastante: "Se ele não é levado ao entusiasmo, é bem possível que tenha havido análise, mas analista, nenhuma chance". Aqui ele evoca de novo a "chance". Portanto, saber ser um rebotalho é o fruto de uma experiência, a experiência analítica conduz a isso. Em seguida, "ser levado ao entusiasmo" é um acréscimo aos resultados de uma análise, é um acréscimo

---

[7] *Idem, ibidem.*
[8] *Idem, ibidem.*

contingente, o que pode acontecer, mas não é obrigatório. Alguns não são levados ao entusiasmo quando eles cernem o seu horror de saber.

O entusiasmo

Detenho-me um pouco nesse "entusiasmo". Entusiasmo: é um afeto que atravessa os séculos desde a nossa antiguidade ocidental. Entre os gregos, o entusiasmo é o elã, o furor da alma, pois nesse contexto falávamos da alma tomada pelo deus. Refere-se ao divino. Isso evolui através dos séculos e, finalmente, chegamos a uma tríade. A quem se atribui o entusiasmo depois da antiguidade, quando entramos no mundo cristão? Uma vez no mundo cristão, em geral o entusiasmo é atribuído a três figuras: o santo, o herói e o poeta. Vocês podem pegar todos os dicionários, por exemplo o *Grand Dictionnaire du XIX siècle*, que é bastante prolixo neste assunto. O entusiasmo do santo obviamente remete à divindade, é uma continuidade em relação à Grécia e não podemos esquecer que, em "Televisão"[9], Lacan compara o analista, *mutatis mutandis*, ao santo. Poderíamos dizer, finalmente: durante sua vida, o santo é o rebotalho das vias canônicas do cristianismo. Depois, isso lhe vale uma auréola, como disse Lacan. O entusiasmo do herói é muito claro. O entusiasmo do poeta, há toda uma literatura sobre isso: a inspiração do poeta comentada com esse termo, o entusiasmo.

---

[9] LACAN, Jacques. "Televisão". In: *Outros escritos*. Trad. Vera Ribeiro. Rio de Janeiro: Zahar, 2003, p. 518-519.

Há toda uma literatura a prospectar sobre o entusiasmo. Em todo caso, o que acredito é que há uma característica constante no entusiasmo, o sujeito levado para além de si mesmo, ele é extraído, diríamos, de seu narcisismo, no sentido em que o narcisismo — não é necessariamente negativo, narcisismo — está limitado às pequenas dimensões de sua pessoa. No entusiasmo, o sujeito encontra algo que eu pude dizer transcendendo a sua pessoa. Falar em transcendente não é necessariamente evocar o divino, mas é evocar uma dimensão que está além dos limites pessoais e que se impõe.

Eu comentava, aliás, que no tratado sobre *As paixões da alma*, onde Descartes se interessa justamente pelos afetos e paixões, o entusiasmo não está lá — isso é algo espantoso. É interessante inclusive porque Descartes diz bem, sua classificação não é a classificação usual, que a classificação que ele faz não é a classificação usual. Digo que é interessante porque Descartes, a quem Lacan atribui o sujeito da ciência, produziu, no entanto, uma filosofia sem transcendência. Pode-se dizer mesmo, embora protestasse, que era um bom cristão, pois era um homem prudente. Acredito que a ausência de entusiasmo em Descartes merece ser examinada um pouco. Isso foi um parêntese.

O entusiasmo, portanto, é um afeto que eleva vocês, o amor também, pois Lacan pode até evocar as asas do amor, "*l'insu que sait* [...] *s'aile la mourre*"[10] com a escrita de "asa", "*aile*", asa de voar; além disso, quando se ama costuma se

---

[10] LACAN, Jacques. *Seminário 24: L'insu que sait de l'une-bévue s'aile à mourre.* Inédito.

dizer: "Estou nas nuvens". Há todos os tipos de expressões que indicam isso. O entusiasmo é um sentimento positivo, sempre, em todos as suas acepções, não há lado negativo do entusiasmo — embora haja possibilidades de virar no sentido negativo, mas passamos para outros afetos —, na medida em que é um afeto que conduz o indivíduo pela via, no fundo, de um desejo. Assim, é interessante ver que o poeta está na série uma vez que Lacan, quanto mais avança para o fim de seu ensino, mais acentua, não o sujeito poeta, mas o inconsciente poema: sou poema, mais que poeta. É uma maneira de designar o inconsciente, ele mesmo, como um poema, uma organização linguageira que se impõe ao sujeito que não é o poeta do poema.

Ora, por que seria necessário o entusiasmo, que esse entusiasmo se acrescente a esse saber ser um rebotalho? Alguém pode se perguntar se é uma fantasia de Lacan. Eu não acho, eu acredito que está na construção lógica do que promete o tratamento ao analista, já a mencionei antes. O analista, dizia Lacan, "já sabe que é um rebotalho", a análise o fez sentir isso, mas se ele se inserir na disciplina analítica, será um rebotalho repetidamente — enquanto um objeto intervindo como objeto causa na análise, ele está predestinado, a ser, no fim, o dejeto da operação, seu rebotalho. O entusiasmo lhe será, então, muito necessário para não falhar em sua função.

A desonra dos passadores

Vou até o final do parágrafo. Aqui ele retorna ao seu dispositivo do passe: portanto, o analista, ele sabe ser um rebotalho e, além disso, é levado ao entusiasmo. Na falta dessa condição, "é bem possível que tenha havido análise, mas analista, nenhuma chance". "Isso é o que o meu 'passe', de data recente, muitas vezes ilustra"[11]. Por que "de data recente"? Porque seu passe, ele o propôs em 1967, ele foi adotado em 1969, estamos em 1973, ainda é de data recente, quatro anos. Depois vêm três linhas surpreendentes: "o bastante para que os passadores se desonrem ao deixar a coisa incerta"[12]. Ora, a questão, obviamente, é por que ele usa esse termo "desonrar-se", um termo que tem ressonâncias morais difíceis de se eliminar, até mesmo éticas, digamos. Há uma questão sobre esse termo: "se desonrem [...] deixar a coisa incerta", o que isso significa? O que eles deixam incerto, os passadores? Deixam incerta a questão de saber se houve analista e, se a deixam incerta, é porque não se pronunciam sobre os dois traços, ou a partir dos dois traços, ou seja, que estamos a lidar com um sujeito que cerniu o seu horror ao saber e que é levado ao entusiasmo. O passe, portanto, ilustra que o entusiasmo pode faltar. "[...] os passadores se desonrem ao deixar a coisa incerta [...]", então, "o caso cai no âmbito de uma declinação polida da candidatura"[13]. Em outras palavras, ele não é nomeado, o passante. Observem o termo "candidatura"; eu sempre me divirto quando ouço os protestos ou melhor as denegações de

---

[11] LACAN, Jacques. "Nota italiana". In: *Outros escritos*. Trad. Vera Ribeiro. Rio de Janeiro: Zahar, 2003, p. 313.
[12] *Idem, ibidem.*
[13] *Idem, ibidem.*

alguns que dizem: "Mas não, não fazemos o passe para sermos nomeados, nunca na vida! Queremos algo bem diferente! Isso não é uma candidatura!". Lacan, para ele, era claro, era uma candidatura. Candidatura para ter alguma aptidão reconhecida, não é indigno apresentar uma candidatura.

"Declinação polida"[14], que bonito! Ele não diz: recusamos, rejeitamos. "Declinação polida" quer dizer; vamos colocar aí todas as formas, explicaremos que seu testemunho foi muito interessante, mas que, não, mesmo assim, não foi possível decidir. Por que esse termo "se desonrar"? — nós poderíamos comentá-lo. Ou seja, ele não está à altura da função de passador, o que nos dá uma ideia, no fundo, do que para Lacan deveria ser transmitido para além de todo o material dos ditos, o que deve ser visado, transmitido, é saber se no candidato se verificou o traço do rebotalho entusiasta. Isso não me satisfaz muito, porque ele poderia ter mencionado o passador que não é capaz. Afinal, o passador, ele é designado, não pediu nada, poderia ser mal designado, o que Lacan evoca em outros textos: o passe está à mercê dos AMEs na medida, diz ele, em que eles designam os passadores. Daí esse termo "desonra" me parecer ter um peso... A ser discutido.

"Sem o que", "*faute de quoi*", aqui também teríamos que consultar os dicionários mais especializados. Tenho a impressão de que ele está fazendo uso de uma expressão, "*faute de quoi*", que não tem o uso corrente em

---

[14] *Idem, ibidem.*

que significa "à falta de que". Portanto, há um emprego curioso aí. É por falta de um testemunho melhor que... talvez ele já quisesse convocar a falta [*faute*] porque a evocará novamente cinco linhas adiante. Temos três ocorrências dela no texto inteiro[15]. "Se desonrar", sem o que, seu emprego aí é puramente gramatical, e depois, no parágrafo seguinte, temos a falta [*faute*] do analista que "passa aos passadores".

Continuo a leitura dos outros parágrafos pois talvez isso nos esclareça. "Isso terá outro alcance no grupo italiano, se ele me seguir nesse assunto"[16]. Voltamos aqui à questão atual da resposta aos italianos. Pois, na Escola de Paris — aí está a frase que interessa — "não há briga a esse respeito". Ele está otimista, aqui estamos quatro anos depois da instauração do passe, pois houve sim brigas uma vez que este passe teve um papel determinante na ruptura da EFP; não um papel único, mas determinante. "Visto que o analista só se autoriza de si mesmo, sua falta [*faute*] passa para os passadores, e a sessão continua, para a felicidade [*bon heur*] geral, embora com um matiz de depressão"[17]. Ora, entendemos muito bem, declina-se polidamente da candidatura do passante, não há briga já que o analista, autorizando-se de si mesmo, continua praticando a psicanálise, assim o praticante permanece intocado. Esta frase não me parece problemática. Tampouco

---

[15] Nota da editora: três ocorrências no texto francês. Na versão brasileira, há apenas uma única ocorrência.
[16] *Idem, ibidem.*
[17] *Idem*, p. 314.

se diz que Lacan pensa que, se falta [*se manque*] o traço do entusiasmo, o ato analítico seja impossível; nada o diz, retomarei este ponto pelo menos parcialmente. "Visto que o analista só se autoriza de si mesmo, sua falta [*faute*] passa para os passadores"; tivemos a falta [*faute*] do passador, não trinchando entre sim ou não — essa é a falta [*faute*] do passador —, e agora temos a falta [*faute*] do passante. Qual é essa falta [*faute*]? Mas, é claro, é a falta de entusiasmo, que o leva a evocar a depressão como o último termo dessas duas linhas. Com efeito, quem identifica o horror de saber, se não é levado ao entusiasmo, em que afeto estará imerso? Na vertente não tão alegre, que aliás é muito sensível nas comunidades analíticas. Na falha da falta de entusiasmo [*la faute du manque d'entousiasme*], ela passa aos passadores porque, ao menos é o que estou supondo, o que deveria passar no passe seria o traço de entusiasmo. E se não for passado ao passador, o que passa? O afeto da tristeza, o contrário do entusiasmo, a tristeza como falta moral [*faute morale*], a tristeza do que foi apreendido, a covardia moral. Estamos aí na convocação de um fator puramente ético, que não é um fator que depende da operação analítica. Porque é bem possível que uma análise tenha ido autenticamente ao seu fim estrutural, mas o que responde no sujeito como tendo cernido seu inconsciente é o afeto, e sua resposta é ética porque a ética consiste sempre em se situar, em se posicionar em relação ao real. Há muitas posições possíveis: a mais comum é a evitação, é a posição de entrada, é a posição de qualquer sujeito que vem para a análise, não querendo saber nada, é uma conduta de evitação em relação ao destino que nos faz o inconsciente. Entre a completa evitação e o entusiasmo, há toda uma série de nuances diversas e possíveis, e é por isso que, acredito, Lacan usa esse termo, "falta" [*faute*]. Isso ressoa com a falta moral da tristeza que ele desenvolve no mesmo ano, 1973, em "Televisão". "[...] a sessão continua, para a felicidade [*bon heur*] geral, embora com um matiz de depressão"[18]. A falta da tristeza é contagiosa, ela se difunde, e Lacan, mesmo assim, tem a ideia de que o passante, instruído das consequências do inconsciente, mas mais inclinado à tristeza do que ao entusiasmo, difunde essa falta moral aos passadores que evidentemente a transmitem a toda a comunidade. Dito isso, Lacan o diz sem nenhum nota dramática — é leve, quase irônico —, mas o que não aparece aí é a nota ética.

Vou deixar de fora as últimas três linhas para que possamos conversar um pouco e vocês me digam o que acham dos diferentes termos. As últimas três linhas, eu já as mencionei: "o que o grupo italiano ganharia ao me seguir seria um pouco mais de seriedade do que aquela a que chego com minha prudência. Para isso é preciso que ele corra um risco"[19]. Sua prudência é que nunca pensou em reduzir a Escola Freudiana de Paris apenas àqueles que poderiam ser chamados de AE, ele sempre lidou com situações que se criavam, digamos. Ele está dizendo aos três italianos: "Se vocês querem uma escola, criem-na com os únicos passantes que seriam nomeados

---

[18] *Idem*, p. 314.
[19] *Idem, ibidem*.

AE, sob o risco de que não haja nenhum." Esse é o risco que já comentamos.

Pergunta: Não sei se tem algo a ver com o entusiasmo. Aristóteles, em sua *Poética*, quando fala da tragédia, distingue claramente os entusiastas dos maníacos: estes põem uma descarga direta nas orgias [...] e os entusiastas são as pessoas que elaboram o afeto pela representação na tragédia. Lacan os retoma na *Ética*, sobre a falta de Creonte [...]

Resposta: Esta é uma precisão inteiramente bem-vinda e justificada, além disso, agrada-me, porque eu tinha esquecido que Aristóteles já distinguia entusiasmo e mania. Eu mesma fiz a distinção entre o que chamei de euforia maníaca, que reina no tratamento do passe na AMP, e o que Lacan chama de entusiasmo. Obrigado por esta contribuição.

Pergunta: Esse entusiasmo não levaria em conta o saber--se rebotalho?

Resposta: Sobre o desejo de saber, ele disse antes de tudo "Só existe analista se esse desejo lhe advier", o que o separa do "para todo" da humanidade que clama. Isso equivale aqui, vocês notarão, a definir o desejo do analista por um desejo de saber. Efetivamente, o traço do entusiasmo é o traço que indica que, além de ter adquirido o saber daquilo que o inconsciente nos promete, de fato, há um desejo de saber, sendo a tristeza, correlativamente, o índice de recuo em relação ao que aprendemos.

Pergunta: [...]
Resposta: Você quer saber se o entusiasmo é um efeito pontual... Sim, é uma questão. A questão se coloca ainda mais quando ele evoca a posição depressiva. Quando evoca o maníaco-depressivo da fase final da análise, ou seja, uma oscilação entre o humor triste e a euforia maníaca, evoca-a sempre como índice de que "isso lhes passará"; isso passará, ou seja, é um efeito temporário, um efeito momentâneo, do tratamento. Também podemos pensar que o passador, se ele há efetivamente, como diz Lacan, se há passe, ou seja, não o atravessou, podemos dizer a nós mesmos que o passador está propiciamente sujeito à oscilação maníaco-depressiva dos afetos de tristeza/euforia. Mas acredito que, quando ele diz "levado ao entusiasmo", isso não é da ordem do pontual, é da ordem do resultado, o resultado do atravessamento da fase em que pode efetivamente haver recuo, avanço, hesitação sobre o tom do afeto depressivo ou do afeto maníaco. Pode haver aí uma oscilação, por um tempo, mas a travessia é que, no final, resta o elemento estável.

Pergunta: O entusiasmo é o momento da decisão subjetiva, diante da impossibilidade lógica... Antígona decide atravessar essa fase e produz algo...
Resposta: Calma, a tragédia antiga é maravilhosa, mas não é psicanálise!

Não duvido de que podemos dizer que Antígona decide, ela está decidida. Estremeço um pouco, tocamos nisso outra noite no seminário do Campo Lacaniano, quando tratávamos da expressão: é uma decisão do sujeito, porque é sempre o mesmo problema, nós podemos fazer contorcionismo, mas este termo "decisão" tem conotações muito voluntaristas. Na nossa cultura não estamos mais no tempo da Grécia, o termo decisão assumiu uma conotação voluntarista que é embaraçosa, pois não se decide ser levado ao entusiasmo, alguém é levado ao entusiasmo. Não sei nem mesmo se eu diria: "decide-se franquear". De minha parte, eu me inclinaria a dizer "conseguiu-se franquear", alguém é levado ou não, mas não se trata disso que se chama "decisão", em francês. Evidentemente, estamos na ambiguidade que havia nos primeiros textos de Lacan sobre a psicose, quando ele dizia: a psicose inclui a liberdade do homem, onde ele evocava o que chamava de obscura "decisão do 'ser'". Mas quando ele fala da obscura "decisão do ser", é para precisamente não dizer "decisão do sujeito".

É bastante interessante que Lacan evoque com um termo de afeto, entusiasmo, o que está envolvido na reação do ser ou do *falasser* em relação ao que ele cerniu ao final de sua análise e que o permitiu efetivamente passar a um desejo de analista, como desejo de saber; há uma nota de afeto, mas é uma nota ética. O afeto sempre depende da ética, a ética é uma resposta, é a maneira como nos situamos em relação ao real.

Pergunta: [...] "Desonrar-se" refere-se a quem?
Resposta: É "o bastante para que os passadores que *se desonrem*", veja aí a concordância gramatical. Honra,

é claro, é um termo ambíguo, que pode ser entendido de diferentes maneiras. Em geral, a honra, você sabe, joga com o semblante da honra. Há um texto muito bonito de Lacan onde ele evoca que, na primeira versão do passe, sim, ele fala de honradez, que conota isso que os grandes semblantes implicam obrigação de conduta, e tem ali uma definição de honorabilidade que acho muito deliciosa: "a honradez", diz ele "é tudo aquilo em que convém e basta ser reconhecido como sendo"[20]. Como que para dizer: você pode estar na honradez sem ter uma verdadeira honra. É preciso e basta que seja reconhecido para ser, e ele se opõe a isso em uma das primeiras versões de sua "Proposição", de 1967[21], o estado do sujeito ao final da análise, do sujeito que franqueou, aí ele se refere ao S do A barrado [S($\bar{A}$)]. E diz: nem é preciso nem basta ser reconhecido para ser[22], quer dizer que é possível ser mesmo sem ser reconhecido. Evidentemente, isso traz um grande problema porque, se o sujeito se contentasse com sua convicção, não precisaria dar nenhuma outra prova para fazer um laço social, e isso nos levaria para o lado, não da

---

[20] "[...] a tudo aquilo em que convém e basta ser reconhecido como sendo: a honradez, por exemplo". LACAN, Jacques. "Primeira versão da 'Proposição de 9 de outubro de 1967 sobre o psicanalista da Escola'". In: *Outros escritos*. Trad. Vera Ribeiro. Rio de Janeiro: Zahar, 2003, p. 581.
[21] LACAN, Jacques. "Proposição de 9 de outubro de 1967 sobre o psicanalista da Escola". *Idem*, p. 248-264.
[22] "Não é preciso nem suficiente que a acreditemos transposta para que ela o esteja". LACAN, Jacques. "Primeira versão da 'Proposição de 9 de outubro de 1967 sobre o psicanalista da Escola'". *Idem*, p. 581-582.

psicose, mas de um autismo social. Dito isso, a honradez tem conotações não muito idealizantes, mas fala-se da honra como um valor, um homem honrado, uma mulher honrada. Além disso, houve épocas em que a honra levava diretamente à morte, ao suicídio; não esqueço o exemplo de Vatel, o cozinheiro de Luís XIV que, no dia de um grande banquete do qual era responsável, não podendo o carregamento de pesca que viria da Bretanha chegar a tempo, ele se sente desonrado como cozinheiro e comete suicídio; não se brincava na época, não havia deprimidos tímidos. Foi a época em que se disputavam duelos pela honra, a honra empenhava vida e morte, portanto.

AULA 6

14 de abril de 2008

Pego a última parte, já que ela é dividida em três, aquela que começa com "articulo agora as coisas para as pessoas que me ouvem"[1] e irei até "revezam-se aí sem problemas", bem na metade da página 314.

Lacan diz: "articulo agora as coisas" – ele marca uma quebra no texto – "para as pessoas que me ouvem". Não podemos deixar de nos perguntar: para quem ele estava falando antes? Ele já havia formulado da mesma maneira em outros textos. E assim ele parece supor que o início de seu texto, as duas primeiras partes, apesar da dificuldade que se encontra aí, foi dirigido a um público mais amplo do que o público dos analistas. No início de "Televisão"[2] ele diz da mesma forma, "daqueles a quem concerne"; aqui, "os que me ouvem"; significa aqueles que têm a mesma experiência.

---

[1] LACAN, Jacques. "Nota italiana". In: *Outros escritos*. Trad. Vera Ribeiro. Rio de Janeiro: Zahar, 2003, p. 314.
[2] LACAN, Jacques. "Televisão". *Idem*, p. 533: "[...] daqueles a quem concerne [...]".

Epistemologia lacaniana

"Existe [*il y a*] o objeto *(a)*. Ele *ex-siste* agora, por eu o haver construído"[3]. Se tivesse que qualificar o registro a que pertence esta frase, eu diria: à epistemologia lacaniana. E, de fato, ela abre implicitamente um debate, um capítulo sobre o estatuto do que ele chamou de objeto *a*. Ele não nos diz de onde vem, de onde o construiu, mas que ele o construiu. Primeiro, uma palavra sobre esse "há" [*il y a*]. Conhecemos o "há" [*il y a*] e o "não há" [*il n'y a pas*] de Lacan. "Há do um" [*Il y a de l'un*] isso que, como ele mesmo diz, ele martelou. Também sabemos, antes deste texto, o "não há" [*il n'y a pas*]: "não há relação sexual". Eu penso, salvo engano, que é a única ocorrência de um "há o objeto *a*". Portanto, "há do um" [*il y a de l'un*] não tem o mesmo estatuto, com efeito, que "há o objeto *a*" [*il y a l'objet* a]. Pode-se dizer que, quando ele diz que "há do um", ele recolhe um fato maciço da experiência analítica: é que tudo que se articula, a única coisa que se articula, para dizer a verdade, está no registro do um, quer seja o um do significante que representa o sujeito, quer seja isso que ele chamou de o Um dizer — que não é a mesma coisa, mas dela resulta —, o um dizer se sabe por si só. Esse "há do um" efetivamente é complexo em Lacan, mas articulado na experiência analítica. No entanto, esse "ele *ex-siste* agora por eu o haver construído" implica um estatuto completamente diferente.

---

[3] LACAN, Jacques. "Nota italiana". *Idem*, p. 314.

Eu disse "epistemologia lacaniana". Ela começa, a epistemologia lacaniana, antes deste texto e independentemente dele, no nível da definição de um fato quando Lacan diz: "só há fato por ser dito". Poder-se-ia questionar e comentar esta afirmação: significa que não basta que se suponha que algo está na realidade para que ela seja um fato. Tomemos um exemplo que se relaciona indiretamente com isso: a exploração dos trabalhadores pelo capitalismo. Faço referência a Marx por isso estar implícito neste texto. Seria isso um fato antes de ser dito, isto é, antes de certo número de escritores, teóricos do regime econômico, formularem que se trata de exploração? Assim, Lacan não deixa de ter razão em dizer isso, porque podemos dizer que desde sempre, mesmo desde antes do capitalismo, o povo infeliz sua, trabalha para sobreviver em benefício de outros dos quais podemos, agora, dizer que o exploraram. Antes que a tese da exploração fosse formulada, esses sujeitos pensavam em seu destino infeliz de maneira bem diferente. Assim, o que se chama de fato não apenas descreve uma realidade, ele a qualifica. E é tão verdade, aliás, que estamos em uma época em que essa exploração começa a ser contestada; não que tenha diminuído o desastre que pesa sobre os trabalhadores pobres, mas há vozes que se levantam para pensar o contrário, em nome de que não há mais explorador, de que não há mais o personagem do capitalista individual, há o capitalismo, há o grande sistema financeiro, mas isso não é personalizado como no século XIX, quando Marx começou a estudar o mundo. Então primeiro ponto, o fato inclui seu dizer, não se reduz a um dizer, mas ele inclui o dizer qualificando uma realidade. No fundo, a mesma tese está latente a cada vez que a expressão "tomar consciência" é mencionada. Esta expressão também se encontra antes da psicanálise, no marxismo, em toda a obra de Marx e dos marxistas, para dizer que o explorado deve tomar consciência de sua exploração, uma forma de dizer que ele mesmo deve nomeá-la e pensá-la como exploração. Na psicanálise, afinal, é a mesma coisa. A tomada de consciência significa que conseguimos formular, de forma explícita, e não apenas por não sabermos o que estamos dizendo. Quando falamos de tomada de consciência, há sempre essa dimensão: é que ele, o sujeito, é ensinado a falar. Quer seja o trabalhador do século XIX, quer seja o analisante; ele vai, no dispositivo, aprender a falar de uma certa maneira, e por isso vai, quanto a certos fatos inconscientes, constituí-los como fatos conscientes.

No entanto, quando Lacan diz "ele *ex-siste* porque eu o construí", estamos em outro estrato epistemológico; isso não significa apenas: "dei-lhe um nome". Dizemos objeto *a* designado pela letra "a". Isso obviamente designa toda a elaboração estrutural em que ele o colocou. E isso me trouxe à mente essa observação de Lacan, que realmente merece que pensemos mais nisso do que temos feito, quando ele diz que a estrutura é o que não se aprende com a experiência. Há apenas fatos a serem ditos, e a estrutura é o que não pode ser aprendido com a experiência. Esse é o antiempirismo de Lacan; para dizer a verdade, hoje não há mais empiristas entre os cientistas. Em todo caso, é realmente uma tese antiempirista, ou seja, que não basta estudar a realidade, debruçar-se sobre ela para vermos delinear-se a estrutura. O que, além disso, abre para nós um pequeno parêntese sobre o ensino, a questão de como ensinar a psicanálise. Obviamente, Lacan tem uma ótima resposta para dar uma cutucada nos ensinantes, que consiste em dizer que o que ensina é a psicanálise; e então ele diz: aquilo que a psicanálise ensina, como ensinar? Vocês conhecem, eu acho, esta tese; o que é um grande problema para os ensinantes, se queremos ter certeza de que eles falam bem da psicanálise, e não a bloqueiam. Mas, obviamente, se não for aprendida da experiência, a estrutura é outra coisa; pode-se sim ensinar, não diria como um saber, mas como um pseudossaber, pode-se ensinar as estruturas que Lacan construiu, certamente, e antes de Lacan as de Freud. Freud, ele não emprega a palavra "estrutura", mas mesmo assim construiu algumas referências estruturais.

O objeto *a*, seu estatuto

Por trás desta frase, "eu construí o objeto *a*", deve-se escrever: "Marx construiu a mais-valia". Vocês sabem que é o próprio Lacan que o diz — no seminário 11, também em "Radiofonia" e mesmo antes, no seminário *De um Outro ao outro* — que seu objeto *a*, mais-de-gozar, ele o tomou de Marx — que, aliás, cá entre nós, não deveria ser esquecido quando estamos falando de Winnicott. Sempre citamos o que Lacan diz, que ele tomou seu objeto *a*, que a primeira ideia veio a ele do objeto transicional de Winnicott, ele disse isso e é óbvio, essa referência se encontra "Subversão do sujeito"[4], mas não esqueçamos que ele acrescentou que o objeto *a* mais-de-gozar, ele o derivou de outro, que é Marx, que faz duas partes. Então, Marx construiu a mais-valia, ou seja, podemos evocar a lâmina de Marx no que ela foi formulada como um fato de exploração; mas um fato de exploração não fornece a causa da exploração. Marx tentou, conseguiu recortar a mais-valia como a verdadeira causa do fato chamado exploração. E Lacan realiza a mesma operação: o objeto *a*, causa do desejo. O objeto *a*, causa do desejo, isso não é um fato, o objeto *a*, causa do desejo, é uma construção estrutural, mais precisamente uma indução lógica. O que é certo, aí todo mundo concorda, é que Lacan o elabora de forma sistemática no seminário sobre *A angústia*, onde tudo está aí para concluir que o objeto *a* não é um fato, pois Lacan acentua, faz uma série de desdobramentos na tese de que o objeto *a* não tem imagem nem significante. Não há fato que não inclua nem imagem e nem significante, é claro. Sem imagem e sem significante, isso significa que não é um objeto do mundo, este não é um objeto fenomenológico, digamos que não é um objeto de percepção. E é tão verdade que, pense em todos os desenvolvimentos que Lacan faz sobre a angústia quando ela surge no mundo escópico: ela surge, não quando o objeto aparece, ele nunca aparece, mas quando algo no mundo escópico o convoca. Não se trata, portanto, de um objeto

---

[4] LACAN, Jacques. "Subversão do sujeito e dialética do desejo no inconsciente freudiano". In: *Escritos*. Trad. Vera Ribeiro. Rio de Janeiro: Jorge Zahar Editor, 1998, p. 829.

da percepção. Lacan retoma isso de maneira mais explícita talvez, mais condensada porque o tempo passou, no seminário 23, *O sinthoma*. Esta é uma passagem que já comentei longamente várias vezes, está na página 36 de *O sinthoma*[5], são duas frases, ele está falando da apreensão da psicanálise pelo nó borromeano, eu lhes situo no contexto, e ele diz "o nó é o negativo da religião". Ele acrescenta uma primeira frase: "Não se crê mais no objeto como tal. Por isso, nego que o objeto possa ser apreendido por qualquer órgão". Depois há um parágrafo em que desenvolve algo sobre o órgão, o instrumento, eu passo, e ele chega à frase mais forte: "Não se crê no objeto", então ele desenvolve, "mas constatamos o desejo e, dessa constatação do desejo, induzimos a causa como objetivada"[6]. Não vou repetir o desenvolvimento que já fiz sobre este ponto, mas temos, em primeiro lugar, um objeto que não é apreendido por nenhum órgão, o objeto *a* não é um objeto da percepção, não é um objeto do mundo, isso no que diz respeito à experiência da realidade. Mas ele continuaria, Lacan captou bem que, ao dizer "não é um objeto fenomenológico", ele abria uma questão possível, porque esse objeto inapreensível na percepção poderia ser um objeto religioso, um objeto de crença religiosa. Então, quando ele diz "não se crê mais no objeto", quem é esse "se"? Acho que isso é uma referência à cultura. Deus está morto, já sabemos disso há muito tempo. Kant também passou por

---

[5] LACAN, Jacques. *O Seminário, livro 23: O sinthoma*. Trad. Sérgio Laia. Rio de Janeiro: Zahar, 2007, p. 23.
[6] *Idem*, p. 37.

aí, no entanto, tentou manter o objeto religioso quando escreveu *A religião nos limites da simples razão*. E, assim, com seu númeno, o númeno kantiano — para quem conhece um pouco esses textos —, com a sua "coisa em si", para além dos fenômenos obviamente, Kant mantém o lugar de um objeto no qual ele crê, que é incognoscível segundo ele, mas que se pode continuar a acreditar que ele está lá. Acredito que "não se crê mais no objeto" se aplica mais de forma geral do que à psicanálise, se aplica à nossa cultura. Depois Lacan diz: "[nós] não cremos mais no objeto". Vejam a nuance, claro, está explícita. Mas enfim, o "nós", aí está o *nós* dos psicanalistas, ou seja, Lacan não nos conduz à inclinação religiosa, mas à lógica que permite induzir o objeto.

Voltando à experiência: nós constatamos o desejo, assim como Marx constatou a exploração, e nós induzimos a causa. O estatuto deste objeto é o de um objeto induzido. Duas observações sobre este ponto: nós constatamos o desejo. Haveria aí algo a questionar. Pois o desejo existe como fato, sem ser nomeado, primeira questão; mas, principalmente, segunda questão: que aspecto do desejo constatamos no fato? Constatamos o desejo inconsciente? É certo que constatamos o desejo no sentido banal do termo, constatamos as preferências dos sujeitos por um certo número de objetos de satisfação. E notem que, desde o estádio do espelho, esta forma de desejo está presente, mas o inconsciente não está ali colocado. A construção de Lacan a partir de "Função e campo da fala e da linguagem" consiste entre outras coisas em integrar, passando pelo fato da fala e da linguagem, o que

Freud chamou de desejo inconsciente, sempre presente, indestrutível, e do qual não podemos reduzir o qualificador de inconsciente. Então, é esse desejo que constatamos? Eu responderia: nós o constatamos na análise, não em outro lugar, e na medida em que o interpretamos. O desejo é sua interpretação, pôde dizer Lacan, e de fato o desejo de que fala Freud é um desejo que o sujeito nunca assume sob a forma de "eu desejo", é um desejo significado por tudo o que ele diz, tudo o que ele faz, tudo o que ele sonha. Ele é significado, mas precisa ser interpretado para se dizer desejo. O desejo inconsciente só é fato porque é interpretado e, portanto, dito desejo. Portanto, um objeto induzido a partir do fato analítico do desejo inconsciente. Este "há o objeto" só pode ser enunciado a partir do fato do desejo inconsciente, que, ele próprio, está estritamente ligado à experiência analítica.

Vou avançar um pouco antes de passar a palavra para vocês. Esse objeto induzido, acrescenta ainda Lacan, ele *ex-siste*. Seria necessário situar o termo *ex-siste*. Quando ele escreve esse termo em duas palavras com um hífen, é uma forma de reforçar seu estatuto não empírico e não religioso. Lacan continua: "Suponho que se conheçam suas quatro substâncias episódicas"[7]. Imagino que, para quem está acostumado a ler Lacan, essa frase se decifra imediatamente. Refere-se ao que o próprio Lacan chamou os quatro aspectos corporais do objeto: oral, anal, escópico e invocante. Então,

---

[7] LACAN, Jacques. "Nota italiana". *Idem*, p. 314.

obviamente, se essas são as quatro substâncias em questão, as quatro substâncias episódicas, o que dizer do objeto que existe não episodicamente, aquele que verdadeiramente *ex-siste*? O "há", assim como o *ex-siste*, se opõe ao episódico. O objeto enquanto não episódico, Lacan não acrescenta nada sobre ele. É pelas referências externas ao texto que eu recordei que podemos situá-lo. Mesmo nas referências externas há muitas fórmulas, mas vocês sabem que a que eu prefiro é a de 1976, no "Prefácio à edição inglesa do *Seminário 11*", onde ele diz: "o objeto *a*, de que dei a definição mais simples, é o objeto que falta". É uma definição clara, é o objeto que falta [*manque*]. Claro, isso imediatamente nos faz pensar no objeto perdido freudiano. Ali, há uma referência ao objeto perdido freudiano ainda que a construção não seja a mesma, e isso permitiria introduzir, por oposição não mais ao episódico, mas às substâncias, o objeto *a*-substancial. Acredito que Lacan usou a expressão "objeto *a*-substancial" em algum lugar.

Este objeto *a*-substancial que falta, no entanto, adquire substâncias episódicas. É a construção, muito simples, muito sólida, de Lacan: o objeto que falta é o objeto a menos que, no entanto, faz conexão com os objetos a mais, esse que ele mesmo chama de mais-de-gozar, por referência à mais-valia de Marx. Há duas grandes referências subjacentes a esse objeto *a*. Por um lado, a grande referência ao objeto perdido de Freud; do outro, a referência ao objeto mais-de-gozar, com a mais-valia de Marx. E vocês veem como a erudição lacaniana pode ser latente nos textos. Lacan não precisa ficar enrolando e, quanto mais o tempo passa, menos ele fica enrolando; refiro-me aos grandes desenvolvimentos esclarecedores.

Quando se diz "substâncias" no ensino de Lacan, evoca-se o gozo, já que ele sempre insistiu, desde o início, por várias décadas, no sujeito *a*-substancial da psicanálise. Quando ele reintroduz a substância, a única substância da qual se pode falar na psicanálise, é o gozo. Essas "substâncias episódicas" são uma maneira de dizer o mais-de-gozar. Ele não repete a palavra gozo, mas em seu lugar ele diz "substância". "Suponho", diz ele, "que se conheçam"; ele retoma coisas supostamente conhecidas, aliás vocês as conhecem todas, essas quatro substâncias episódicas, essas quatro formas do mais-de-gozar. "Que se saiba para que ele serve, por se envolver da pulsão pela qual cada um se mira no coração e só chega lá com um tiro que erra o alvo"[8]. Bela frase. Ele serve, portanto, o objeto *a*. Escrevi em outro lugar um texto que se chamava "O objeto *a* de Lacan, seus usos", já que servir significa ter um uso.

Retomo uma coisa sobre a qual já insisti muito, várias vezes, é que na época de "Subversão do sujeito e dialética do desejo" Lacan falava dos significantes do objeto e, especificamente, dos significantes dos objetos segundo as pulsões. A expressão se encontra aí: esses objetos significantes, oral, anal, escópico e invocante. Aqui ele não evoca os significantes da pulsão, ele evoca a substância, é bem diferente, e ele evoca a pulsão não a partir dos

---

[8] LACAN, Jacques. "Nota italiana". *Idem*, p. 314.

seus significantes, mas a partir de sua atividade, porque a pulsão pela qual cada um se visa no coração é uma atividade. Ele emprega em outro lugar o termo "atividade da pulsão" — cf. "Posição do inconsciente" e "Do '*Trieb*' de Freud". Insisti em destacar a distinção entre estrutura da pulsão e atividade da pulsão. Na época desse texto, Lacan não fala mais dos significantes do objeto, ele fala das substâncias episódicas, dos modos de mais-de-gozar. Então, o que se torna, como se situa neste momento os significantes da pulsão? Acredito que os significantes da pulsão ficam aí no nível daquilo que recorta as zonas erógenas sobre o corpo, porque as zonas oral, anal, escópica, invocante são zonas sobre o corpo. Lacan retoma de Freud as zonas que são, eu diria, desenhadas, recortadas, na superfície. Pelo quê? Pelo dizer do Outro, os significantes da pulsão eram os significantes da demanda oral do Outro, da oferta oral do Outro, da demanda anal, da oferta escópica e da oferta no nível da zona do ouvido. As pulsões, ele continua a distingui-las pelos significantes das zonas, e o objeto pelos mais-de-gozar que estão presentes, não há contradição, mas reorganização no ajuste dos termos.

A atividade pulsional pouco tem a ver com o significante. Aqui ele nos diz em que consiste; é interessante porque há várias definições da atividade pulsional nos textos de Lacan, e isso nos permite apreender o que ele quer dizer. Ele nos diz: a pulsão, ela consiste; o objeto *a* serve quando se envolve na pulsão pela qual cada um mira no coração e erra. Esta frase é um comentário muito simples sobre o desenho que ele produziu no seminário 11. Vocês sabem como Lacan desenhou o movimento da pulsão no seminário 11: ele parte da zona erógena, é preciso deixar sair do buraco na zona erógena, e basicamente vai buscar algo do lado do Outro. Podemos escrever que busca algo mais, mas em que ele insiste muito nesse texto, que deveria ser relido, é que a pulsão não consegue se apropriar do que busca, que ela faz um movimento de volta à zona erógena, ao sujeito erótico, e aí voltamos ao objeto a menos; voltamos ao menos-de-gozar do sujeito.

Gostaria de citar duas referências sobre esse ponto para marcar claramente a natureza ambígua da atividade pulsional. Uma que está na "Posição do inconsciente" que você encontra nos *Escritos* da página 863, e onde Lacan diz, eu cito de memória: a pulsão é essa atividade — foi daí que tirei o termo atividade — pela qual nos objetos o sujeito tenta resgatar e nele restituir, tenta recuperar o que perdeu, mais-de-gozo, mais-de-vida, digamos, mas nisso ele restaura a perda[9]. E ele insiste em "Do '*Trieb*' de Freud e o desejo do psicanalista", falando das pulsões: ela reproduz "a relação do sujeito com o objeto perdido"[10].

A pulsão busca um mais episódico, isto é, o episódico, mas na realidade ela reproduz, ela restaura o

---

[9] Nota da edição original: "É em revolver esses objetos para neles resgatar, para restaurar em si sua perda original, que se empenha a atividade que nele denominamos de pulsão (*Trieb*)". LACAN, Jacques. "Posição do inconsciente no Congresso de Bonneval – 1960, 1964." In: *Escritos*. Trad. Vera Ribeiro. Rio de Janeiro: Jorge Zahar Editor, 1998, p. 863.
[10] LACAN, Jacques. "Do '*Trieb*' de Freud e do desejo do psicanalista". *Idem*, p. 867.

objeto perdido, a relação com o objeto perdido. Isso é importante em nosso tempo em que, nos discursos que se fazem, muitas vezes há uma confusão entre pulsão e gozo. Certamente, na atividade pulsional o que está em questão é o problema do gozo do ser falante, de sua falta de gozo e de seus pequenos excedentes de gozo: é o gozo que está em questão. Mas não confundamos a atividade pulsional com algo como uma vontade de gozo, e muito menos um acesso ao gozo. Lacan terá se esforçado o suficiente para transmiti-lo.

"Cada um se mira no coração"[11] — o que quer dizer se mirar no coração? Pode ser tomado de duas maneiras. Podemos dizer: se mira o objeto que se é. Aí está o coração do sujeito da falta a ser, é o objeto. Este é todo o tema da equivalência do sujeito com o objeto. Também podemos dizer que se mirar ao coração é mirar seu ser via objeto mais-de-gozar. E o que Lacan diz aí é que nós o miramos e que nós erramos o alvo. É por isso que a atividade pulsional é uma atividade que não cessa. Podemos dizer que há episódios de desejo, talvez; não do desejo inconsciente, segundo Freud, mas enfim, do desejo tal como é animado pela realidade, pode-se falar de episódios, de época do desejo, mas da pulsão com certeza não. A pulsão nunca cessa precisamente porque erra o alvo e, portanto, ao errar o alvo não extingue o impulso: o motor nunca está engripado.

---

[11] LACAN, Jacques. "Nota italiana". In: *Outros escritos*. Trad. Vera Ribeiro. Rio de Janeiro: Zahar, 2003, 314.

Há, então, um movimento em direção ao ser, em direção à busca do ser, do sujeito falta a ser, mas que acaba por ficar fora de alcance. É por isso que Lacan pode dizer que toda pulsão tem uma visada negativa e que toda pulsão é pulsão de morte, que toda pulsão restaura o negativo. Os efeitos negativos da linguagem, a pulsão os põe em ação, repetidamente. Eu havia formulado isso dizendo que o uso do objeto *a*, quando ele se envolve na pulsão, como ele diz aí, é um uso que visa a se fazer ser. Obviamente, é uma expressão que tem uma ambiguidade, que coloca a questão da diferença entre a visada do amor, porque o amor também visa a se fazer ser, é ainda mais evidente no amor, essa é a grande tese *princeps* de Lacan. O amor — que muito precedeu Lacan, o amor da paixão de ser — visa produzir um efeito de ser no sujeito que padece de uma falta a ser. Só que a grande diferença é que o amor consiste em visar o ser através do Outro (grande A), ao passo que aí, quando falamos da pulsão, trata-se de visar o ser não pela via do Outro (grande A), mas através do objeto *a*, que é precisamente, como vocês sabem, o objeto separador. É por isso que Lacan convoca a pulsão como separadora em relação ao Outro, com todos os seus significantes, todo o seu discurso. Nesse sentido, podemos ver claramente uma grande diferença, é que o amor é demandante, exigente mesmo, no amor há sempre demanda, poderíamos discutir se poderíamos conceber um amor que não demande.

Pergunta: O amor cristão?
Resposta: De forma alguma, precisamente amor cristão, eu falei sobre ele recentemente nos Estados Unidos.

O objeto *a*, seus usos

Continuo. Assim nos escreveu Lacan: o objeto *a*, em jogo na atividade pulsional "serve de esteio às realizações mais eficazes, bem como às realidades mais cativantes"[12]. Também já isso comentei bastante: a expressão "as realizações mais eficazes" designa o campo do trabalho, isso que se constrói no mundo. "As realidades mais cativantes", isso designa obviamente o que nos cativa, nossos amores, precisamente. Assim, por trás dessas duas expressões, "as realizações mais eficazes" e "as realidades mais cativantes", temos os dois grandes campos nomeados por Freud, digamos, do trabalho, no sentido amplo do termo, e do amor.

Como vocês sabem, Freud diz que em uma análise obtém-se o melhor que se pode ao se restabelecer, no sujeito, suas capacidades de trabalhar e de amar. Lacan está retomando o tema freudiano, como vocês perceberam, para marcar um limite. Por que ele diz "realizações mais eficazes"? Ele poderia ter dito as obras, é um termo que atravessa as civilizações, o que evocaria a religião também. Não, "realizações mais eficazes" e "realidades mais cativantes", esses dois termos "realizações" e "realidades", eles estão aí, acho que vocês perceberam, em oposição antecipada a outro termo, que é o termo "real", pois "realização" e "realidade" não pertencem ao real. Ambos os termos pertencem ao campo do que chamamos

---

[12] *Idem, ibidem.*

de realidade, pois ela é ordenada pelo discurso, eu diria mesmo fabricada pelo discurso. Por isso ele pôde dizer em outros contextos: a realidade é o fantasma. E o que ele está nos dizendo aí, basicamente, é que a atividade pulsional, que gira em torno do objeto *a*, é, na verdade, o suporte, eu preferiria dizer aqui a mola mestra de tudo que a gente faz no mundo, seja trabalho, seja amor. Isso coloca a atividade pulsional, com o objeto *a* que lhe serve, do lado da causa.

A crítica de Freud vem de imediato: "Se isso é fruto da análise, devolvam o referido sujeito a seus diletos estudos"[13]. Ou seja, produzir um sujeito capaz de trabalhar, isto é, um sujeito no qual se suprimiram as inibições neuróticas, e capaz de amar, para quem os obstáculos neuróticos ao amor foram suprimidos, isso não constitui a finalidade da análise de um analista. Ele não está nos dizendo que isso não vale nada, mas que não é a finalidade analítica. Estamos, portanto, em um texto que contrapõe muito fortemente os objetivos terapêuticos da análise — porque trabalhar, amar são objetivos terapêuticos da análise — e o aspecto que chamarei de "objetivo didático da análise". Que não é produzir um analista, mas ensinar alguma coisa. A análise didática é análise na medida em que ensina algo sobre o real, e será disso que se trata bem no final do texto desta "Nota italiana". Porque, basicamente, tirar as inibições para o trabalho e para o amor significa trazer o sujeito de volta à normalidade,

---

[13] *Idem, ibidem.*

como o próprio Freud disse textualmente. Transformar a infelicidade neurótica em infelicidade banal significava: nós o trazemos de volta à normalidade levantando seus grilhões. E, de fato, eu os faço observar que, para não estarem inibidos para o trabalho ou com o acesso impedido para o amor, muitos sujeitos não precisam passar por uma análise.

Lacan está nos dizendo, finalmente, que o objeto *a*, via pulsão, é o suporte das obras, tomo as obras no sentido amplo, para dizer atividade de trabalho, atividade de amor. Quando ele diz: "Se isso é fruto da análise, devolvam o referido sujeito a seus diletos estudos"[14], quer dizer: não se o nomeia AE. Vocês não perderam isso de vista no contexto desse texto tão extremista sobre o que deve ser um AE. Por que ele deve ser enviado de volta a seus diletos estudos? "Ele enfeitará com uns bibelôs suplementares o patrimônio que se supõe provocar o bom humor de Deus"[15]. Por que Lacan nomeia "bibelôs", um termo pejorativo claro, todas as obras do patrimônio? Porque, quando se diz patrimônio, isso inclui tudo, inclui todas as obras da cultura e do trabalho, a técnica, a ciência, a arte, e depois, o patrimônio inclui as gerações, a transmissão geracional em que insiste na frase seguinte. Por que chamá-los de bibelôs, por que esse rebaixamento? Já dá para sentir que é o mesmo rebaixamento daquela que Lacan evoca com dileção, aquele a que procede São Tomás no fim da vida: *sicut palea*. São Tomás que desenvolveu uma

---

[14] *Idem, ibidem.*
[15] *Idem, ibidem.*

obra imensa, uma obra de discurso religioso, no fim de sua vida diz: *sicut palea*; é um enorme rebaixamento. Aqui, Lacan diz "bibelôs", é mais imaginarizado, não é a mesma coisa que o rebaixamento de fim de análise. Então, os bibelôs deveriam fazer o bom humor de Deus? No fundo, é uma forma de dizer que todas as obras se dirigem ao Outro. Eu dizia antes, o amor é endereçado, e a tese é a de que todas as obras, tanto do trabalho quanto do amor, são endereçadas ao Outro, aqui Deus, gostemos ou não, acrescenta Lacan. Há quem se alegre de pensar que tudo isto se dirige a Deus, e há outros a quem isso indigna, pouco importa: a tese é de que isso é suposto agradar a Deus, ou seja, é para o Outro. As obras pressupõem Deus, o Outro maiúsculo.

"Quer se goste de crer nisso, quer se fique revoltado, o preço é o mesmo para a árvore genealógica de onde subsiste o inconsciente."[16] Aí, há dois termos a comentar: "a árvore genealógica" e "de onde subsiste o inconsciente". A árvore genealógica evoca a transmissão. A transmissão das obras de amor, sabemos o que é, é a reprodução dos corpos, as gerações que se sucedem. O amor trabalha para a árvore genealógica, vocês me dirão que nosso tempo mudou tudo isso, a pílula já existe há muito tempo, agora existem todos os tipos de técnicas que permitirão dissociar o amor da árvore genealógica. É verdade, mas até agora não parece haver nenhum indício de uma humanidade que não queira mais filhos. Até agora. Fiquemos,

---

[16] *Idem, ibidem.*

pois, com a presente tese. As obras de trabalho, aquelas através das quais se faz um nome e uma presença numa linhagem, mesmo quando não se tem necessariamente uma linhagem famosa; que não supõe a celebridade das linhas, a árvore genealógica. Ou seja, ao lado das obras, seria preciso colocar os nomes, no plural, os nomes que fazemos ou que recebemos. Recebe-se um nome pelas obras do amor, é o patronímico; faz-se um nome pelas obras quando elas são minimamente dignas de nota. Há do lado das obras, portanto, os nomes a inscrever na árvore genealógica e que agradam muito a este grande Nome-do-Pai que é Deus. Aqui está o esquema que Lacan traça para nós, que é basicamente o esquema da humanidade como ele disse no início de seu texto.

A última frase, "a árvore genealógica de onde subsiste o inconsciente", é uma frase complexa, complicada, vou lhes dar a leitura que tenho dela, por enquanto. O problema é que isso levaria a pensar que, saindo da árvore genealógica, o inconsciente não subsistiria mais. Veremos com o resto do texto. De qualquer forma, o que é certo é que a frase é construída sobre a ideia de que, basicamente, do lado das obras — trabalho, amor — como já comentei sobre elas, estamos do lado do um, estamos do lado, acabei de dizer, dos nomes, poderia ter dito, ao lado de alguns uns, que estão escritos com seu nome próprio nas árvores genealógicas, aliás. E, portanto, trabalhamos onde há do um, porque trabalhar nos nomes próprios é também trabalhar onde há do um. Não é trabalhar para a civilização, ao contrário do que pensava Freud. E assim creio que o subentendimento desta frase é que a árvore genealógica que está do lado do "há do um" permite subsistir o inconsciente que, por sua vez, não está do lado do um, que está do lado do S$_2$. Acredito que o conhecido esquema de Lacan, "o significante é o que representa um sujeito para outro significante", o significante representa um sujeito diante do saber inconsciente, o que significa que o sujeito, tudo que ele vai produzir, o que quer que ele faça, é do significante 1, e que o inconsciente está do lado do que ele chama de saber inconsciente in-apropriável. Parece-me que esta frase está subjacente à árvore genealógica da qual subsiste o inconsciente. Então a árvore genealógica não sai dessa estrutura.

O fulano [ga(r)s] e a fulaninha [garce][17]

A última frase diz: "o fulano [ga(r)s] ou a fulaninha [garce] em questão revezam-se aí sem problemas"[18]. Esta frase deve ser lida em relação a "se isso é fruto da análise", trabalhar e amar, se houver apenas isso, "devolvam o referido sujeito a seus diletos estudos" porque ele trabalhará apenas para o um da árvore genealógica. E assim o fulano ou a fulaninha em questão revezam-se aí sem problemas em relação a quê? À árvore genealógica. O que chama a atenção aqui são os termos o "fulano" e a "fulana"... para

---

[17] Nota dos tradutores: a palavra "*garce*", em francês, remete ao mundo animal e, ao mesmo tempo, de forma depreciativa, à mulher, como "vaca", "cadela", "cabra".
[18] LACAN, Jacques. "Nota italiana". In: *Outros escritos*. Trad. Vera Ribeiro. Rio de Janeiro: Zahar, 2003, 314.

designar quem? O analisando, homem ou mulher, masculino ou feminino; e vocês podem notar que fulano, fulaninha, vêm de um vocabulário animal que é bem próximo do que ele disse no começo quando estava falando sobre os analistas congêneres. Os congêneres saberão reconhecê-lo, congênere, não é um sujeito de *epistemé*, não é sujeito cognoscente, congênere; os cães se reconhecem farejando seus traseiros, é isso o congênere, eles não se reconhecem a partir do saber. Evocar os analistas como congêneres não é evocá-los com base no saber. Isso não quer dizer que eles não tenham saber, mas não é a partir daí que se pode evocá-los. Quando ele diz o fulano e a fulaninha para o e a analisante que tenha testemunhado que doravante, a partir daí, ele ou ela poderá trabalhar e amar, há aí algo da mesma ordem. Fulano e fulaninha, congêneres, isso evoca antes as raças. Raças de quê? Raças do desejo, raças do gozo, raças para dizer tipos, que não são necessariamente idênticas. Ou seja, convoca mais o *falasser* do que sujeito — que não convoca de maneira alguma o sujeito barrado. Isso convoca o *falasser* com seu gozo afetado, cada vez mais, pela linguagem. Lacan desenvolverá a seguir suas razões, ele dará suas conclusões no início da frase seguinte.

Fico por aqui, volto na próxima vez: "Que ele não se autorize a ser analista" se a análise produziu esse magnífico efeito terapêutico que ela nem sempre produz, de tornar o sujeito capaz de realizações efetivas e de uma entrada nas realidades mais cativantes. Se ela produziu isso e apenas isso, "que ele não se autorize a ser analista". Entendam, lembrem-se do que insisti no início, é que

Lacan distingue muito claramente o praticante, aquele que funciona, visto que é o mesmo que só se autoriza de si mesmo. Considerem as duas frases juntas. Ele só se autoriza dele mesmo; então, se ele se autorizar de si mesmo, ninguém vai impedi-lo de ser praticante. Por outro lado, não se pode autorizá-lo a ser um analista, o analista definido por seu ser, se é que ele existe, como ele mesmo repetiu várias vezes no texto.

AULA 7

24 maio de 2008

Hoje entramos em uma parte bastante difícil do texto, que vai até o final. Da última vez fui até a metade da página 314. Hoje vou me deter na parte que vai do parágrafo que começa com "Que ele não se autorize ser analista"[1], até — isso dá cinco parágrafos — o começo da página 315: "ele o determina, tanto quanto o saber da ciência"[2].

Lacan explicou antes, falando do possível AE — ou, mais exatamente, do passante que é candidato a sê-lo — que, no fundo, se a análise resultou no que chamo de efeito terapêutico maior, ou seja, de ter devolvido a ele sua capacidade de amar ou trabalhar, se este for o resultado, ele deve ser enviado de volta aos seus diletos estudos, ou seja, considerar que ele não pode ser nomeado. Essa é a tese maximalista de Lacan sobre essa questão da nomeação porque, de fato, vocês se lembram da referência à árvore genealógica, isso significa que ele trabalhará para o um. A árvore genealógica é transmitida na linha do um, e não

---
[1] *Idem, ibidem.*
[2] *Idem*, p. 315.

do saber. Obviamente, a tese que está implícita no que se segue, e que não está formulada mas que está aí, implícita, é que a análise terapêutica — por análise terapêutica designo o efeito terapêutico do fim da análise —, bem, a ideia é que esse sucesso é incapaz, por si só, de assegurar o futuro da psicanálise.

Dar dividendos no mercado

Esta é uma tese assustadoramente atual. E vocês veem o que isso implica mais além, na relação entre o que o próprio Lacan chamou de psicanálise em intensão e psicanálise em extensão. A psicanálise em intensão é a psicanálise pura, como ele diz, psicanálise que vai até seu fim, que produz um analista. Psicanálise em extensão, como indica a palavra extensão, designa a difusão da psicanálise no mundo, e, mais do que isso, sua "aplicação", o termo é de Lacan, à terapêutica, sua aplicação ao sintoma que se apresenta. É claro para quem conhece, para quem acompanha um pouco o que está acontecendo no mundo analítico, tanto lacaniano quanto não lacaniano, que há diferentes posições políticas sobre esse ponto: parece que certas correntes contam com a psicanálise em extensão, ou seja, na sua difusão ao terapêutico, por meio do terapêutico, para assegurar a sua perpetuação. Outros, não cito ninguém, outros gostariam de se apoiar na psicanálise pura. A tese de Lacan não é nem uma nem outra, a tese de Lacan é que é a pura psicanálise em intensão que condiciona a extensão. Veremos no texto que ele nada tem contra a extensão, longe disso.

24 MAIO DE 2008

Quem trabalha para a árvore genealógica é quem Lacan diz que nunca terá tempo de contribuir para o saber, sem o que não há chance de a análise continuar a dar dividendos no mercado, isto é, de que o grupo italiano não fique fadado à extinção[3]. É muito claro que aqui se trata da sobrevivência da psicanálise: extinção, achamos o termo um pouco mais abaixo, "em que vocês se extinguirão". A psicanálise deu dividendos no mercado, no mercado do discurso, o mercado das práticas e dos discursos que sustentam essas práticas. Ela deu dividendos, de fato, desde Freud — ela deu dividendos até quando? Não sabemos se podemos fixar uma data, mas enfim, ela deu dividendos com Freud, eu diria que ela teve uma recuperação de dividendos com Lacan, isso é certo, no nível de seu sucesso, de sua difusão, do seu conhecimento, do reconhecimento que lhe é atribuído. Dar dividendos no mercado, isso é algo que se desenrola no discurso, na cultura, na mídia, mas se desenrola sobretudo no fato de que há analisantes, de que há sujeitos que demandam, não que demandam, mas que chegam a entrar em uma análise. Portanto, para dizer melhor, há sujeitos não que demandam, mas que conseguem entrar porque, para esses que ficam na demanda, no que diz respeito a demandar, quem não demanda na nossa época? Com a difusão do mal-estar dos sujeitos de um lado e a multiplicação de psis de todos os tipos... A questão é antes que haja alguns que entrem em uma análise. Pois bem, é certo

---

[3] *Idem*, p. 314.

que já houve, que ainda há, e a pergunta é: ainda vai haver durante muito tempo, isso vai continuar?

Reparem nessa expressão: "ele nunca terá tempo de contribuir para o saber", se ao que ele se apega é à árvore genealógica. Em outras palavras, trabalhando em suas coisinhas, em suas obras, bem que não sobra tempo para contribuir; é uma expressão que acho muito interessante, muito concreta. Significa simplesmente que não se pode fazer tudo, como dizem, na vida é preciso escolher, mas, ao mesmo tempo, não é uma expressão superegoica, Lacan não está condenando quem trabalharia para a árvore genealógica. Apenas diz: por questões de tempo, por questões práticas, não se pode fazer as duas coisas.

O parágrafo coloca, este é o terceiro ponto que sublinho, essencial, é que a condição de sobrevivência, a condição de não extinção, é "contribuir para o saber". Claro, o leitor, se for um pouco exigente, pode dizer: que saber? Pois há saberes de vários tipos, de vários gêneros. A frase não responde imediatamente.

O saber, a verdade, o escrito

Vocês viram, sem dúvida, se tiverem lido até o final do texto, tudo se articula, por fim Lacan formula tudo entre quatro termos: o saber, do qual ele faz a condição, a verdade — ela não basta —, o real, e o quarto termo é o escrito.

Li o seguinte parágrafo: "O saber em jogo, emiti seu princípio como que do ponto ideal que tudo permite supor quando se tem o sentido da épura: trata-se de que não existe relação sexual, relação aqui, quero dizer, que possa pôr-se em escrita"[4]. Lacan viu que seu primeiro termo, o saber, permaneceu indeterminado e ele o determina neste parágrafo. Vocês podem notar que ele coloca isso na conta do saber, enquanto habitualmente nós a colocamos na conta do real. Não há relação sexual, ele o coloca na conta do saber, isso já é uma pequena questão. E o saber em jogo, ele o atribui mesmo assim à sua enunciação: "Emiti seu princípio como que do ponto ideal que tudo permite supor quando se tem o sentido da épura". Sentido da épura, acho que dá para levar de forma bem simples, é quando alguém não se perde nos detalhes e tem as linhas principais à sua frente. Não deixa de ser divertido: "Não existe relação sexual", nesta frase, é apenas um saber suposto, o saber que a afirmação de Lacan permite supor, supõe. Está escrito assim, o saber que "tudo permite supor quando se tem o sentido da épura: trata-se de que não existe relação sexual". Então, isso é introduzido como um saber suposto a partir da enunciação de Lacan, e vocês viram que o movimento do texto será tentar indicar que é preciso passar da suposição à demonstração, é o termo que ele usa.

Pode-se perguntar: como supor um "não há", ou emitir o princípio de um "não há"? O próprio Lacan se perguntou muito sobre o que o autorizou a afirmar uma ausência. É uma afirmação, "não há", mas é uma afirmação que nega a existência de algo. Então, obviamente, ele fala um

---

[4] *Idem, ibidem.*

pouco dessa questão em *Mais, ainda*, é que só podemos negar a partir de uma afirmação, em princípio, podemos afirmar uma negação, mas para afirmar uma negação, temos que primeiro ter posto o que se nega. É por isso que, no seminário *Mais, ainda*, ele diz: uma negação, isso supõe, já o mostrei há muito tempo, e é verdade, isso supõe uma *Bejahung*, isso supõe que alguma coisa tenha sido posta. Mas há uma *Bejahung* desta relação que a análise venha negar? Vocês notarão, porém, que Lacan diz: "é que não existe [há] relação sexual, nenhuma relação, quero dizer, que possa pôr-se escrita". Esta frase supõe outra que não é enunciada, como todas as frases. É um truque para escutar isso que alguém diz: pergunte a si mesmo o que ele não diz; quando se emprega uma fórmula, qual é a fórmula que não é empregada? A fórmula que Lacan não emprega aqui seria, "não há relação sexual que se possa dizer". Não há aí o "que possa pôr-se escrita" deixa latente a fórmula não pronunciada: há ou não há relação sexual que pode se dizer, já que na análise, no fundo, se diz.

O que é que se diz na análise? O que se diz em uma análise é a verdade, o que quer que se diga, verdade ou mentira. A verdade, na análise, vem como significado, daquilo que Lacan chama, em "O aturdito", os *primesaut*[5], os ditos, ou seja, os enunciados do anali-

---

[5] Nota dos tradutores: "*Primesaut*" é uma expressão do século XII que conjuga "*prime*", "primeiro, e "*saut*", "salto". Ao pé da letra, seria o "primeiro impulso"; de modo figurado, seria modo de agir, de decidir, de falar seguindo seu primeiro ímpeto, de supetão.

sante; os enunciados do analisante têm a verdade como seu significado. Exceto que, aí, caímos no problema da verdade, no fato, basicamente, daquilo que é um limite da verdade, não é um impasse, é verdadeiramente um limite, é que a verdade é por natureza in-conclusiva, ela não conclui jamais. "Eu, a verdade, falo" significa aquilo, de certo modo, a que Lacan volta um pouco mais abaixo quando diz: não há verdade que possa dizer tudo. Teríamos que dizer tudo para que ela fosse conclusiva. Convém muito bem aos neuróticos, aliás, que a verdade não seja conclusiva, pois há sujeitos que têm problemas com a conclusão, seja no nível da fala, seja no nível das ações. É que as conclusões, apesar de terem muitas vantagens, implicam uma escolha e, se há escolha, há uma perda. Então, na análise, se o que se diz é a verdade — sendo a verdade aquilo que ela é, que vocês viram um pouco antes —, a relação sexual, no nível da verdade, não é afirmável nem refutável — isso está no parágrafo um pouco mais embaixo —, ou seja, a verdade não produz nenhum saber seguro sobre o que está em questão aqui, a relação sexual.

Aí está o que explica que Lacan faça disso um recurso nesse texto e em tudo que o cerca. Estamos em 1973, anos antes e alguns anos depois, se Lacan recorre à escrita e ao que está escrito, não é porque escrever está na moda — estava na moda —, mas é que, no fundo, Lacan faz um enorme esforço que se estende ao longo dos anos para recorrer contra as insuficiências da verdade. Como resultado, obviamente, isso dá uma lição que está em forte contraste com a fenomenologia de uma análise. Se não houvesse os autores que são Freud e Lacan para convocar algumas certezas e um pouco de saber, não poderíamos dizer que a fenomenologia da análise dá a sensação de que estamos em um trajeto de certeza. O sujeito fala, não sabe para onde vai, ele mesmo o diz, acredita que acabará por saber, mas no final o curso da análise avança, e avança entre momentos em que uma verdade brilha repentinamente e momentos em que ela se eclipsa, uma palavra inconclusiva que continua, que continua, mas sem fechar a mão no conceito, no saber. Daí o contraste com os textos de Lacan que, desde o início, buscam recursos, o significante, sua estrutura, a escrita, sua estrutura; são recursos contra aquilo de que se serve a psicanálise, ou seja, a verdade. E não há análise que se faça sem passar pela verdade.

Continuarei a leitura. Há um diálogo implícito no texto de Lacan, estabeleci o princípio dele: "não existe relação sexual que possa pôr-se em escrita". Este é um ponto de saber. Então, se ela não pode se colocar em escrita, "é inútil tentar, dir-me-ão" — certamente não vocês, mas seus candidatos, é mais um a retrucar — "por não haver nenhuma chance de contribuir para o saber em que vocês se extinguirão" [sic].

A frase está um pouco distorcida. "É inútil tentar"[6] — quem lhe disse isso? Lacan diz: certamente não vocês, como se dissesse a esses três italianos, não suspeito que vocês pensem isso, ou seja, ele suspeita sim que eles

---

[6] LACAN, Jacques. "Nota italiana". In: *Outros escritos*. Trad. Vera Ribeiro. Rio de Janeiro: Zahar, 2003, 314.

possam pensar isso. Mas se não são eles, não são seus irmãos, como na fábula do lobo e do cordeiro, são os candidatos passantes que seriam seus analisantes. Então quem retrucar assim, não vale a pena tentar já que nos disseram que não poderíamos escrevê-lo, pois bem, "ele não terá nenhuma chance", Lacan insiste, "de contribuir para o saber". O texto diz: "por não haver nenhuma chance de contribuir para o saber *em que* vocês se extinguirão"[7]. Creio que é um erro. O certo parece ser: "*sem* o qual vocês se extinguirão". Há muitos erros de digitação nesta edição. Assim, fica "sem o qual vocês se extinguirão". Lacan reitera sua afirmação, é a mesma expressão duas vezes, é raro encontrar em Lacan essas repetições com apenas dois ou três parágrafos de distância. "Contribuir para o saber" é uma forma de evocar a produção seriada de um saber, não é um saber que se descobre de repente por alguém, é a ideia de uma contribuição progressiva. Nesta expressão, "contribuir para o saber", está subjacente, no fundo, a ideia de uma pluralidade de contribuidores, não vou dizer uma comunidade, mas uma pluralidade. Isso dá a ideia de que Lacan pensa que um por um, o analista, se ele é o analista que ele, Lacan, diz, ele pode contribuir para o saber.

O que seria contribuir para o saber? É o que tenta desdobrar o parágrafo seguinte: "Sem tentar essa relação da escrita, não há meio, com efeito, de chegar ao que, ao mesmo tempo que afirmei sua inex-sistência, propus

---

[7] *Idem, ibidem.*

como objetivo pelo qual a psicanálise se igualaria à ciência: a saber, demonstrar que essa relação é impossível de escrever, isto é, que é nisso que ela não é afirmável nem tampouco refutável: a título da verdade"[8]. Então, não podemos nem o afirmar nem o refutar a título da verdade, mas poderíamos demonstrar, a título da escrita, ou graças à escrita, poderíamos demonstrar que é impossível escrevê-la. Observem a progressão das expressões. No primeiro parágrafo, do qual trato hoje, foi lançada uma suposição, eu disse: "não há relação sexual que se ponha por escrito". A suposição não conota absolutamente a impossibilidade e sempre deixa em aberto a possibilidade de um "isso se escreverá", possivelmente.

Igualar-se à ciência

A ideia é de que aquilo que estaria em jogo na psicanálise, o objetivo da psicanálise, o objetivo pelo qual a psicanálise se igualaria à ciência, seria demonstrar que é impossível, impossível escrever. Um objetivo pelo qual a psicanálise se igualaria à ciência... com a condição de que saibamos que estamos na época em que ele escreve isso, quase no fim da ambição científica de Lacan. Vocês sabem que ele até mesmo desenvolveu, por muito tempo, a ideia da possível cientificidade da psicanálise.

---

[8] LACAN, Jacques. "Nota italiana". In: *Outros escritos*. Trad. Vera Ribeiro. Rio de Janeiro: Zahar, 2003, 314.

"A ciência e a verdade"[9], que encerra os *Escritos*, é um título que o indica bem. Aqui, isso não quer dizer que a psicanálise se reduza ao que é a ciência, é igualar-se a ciência. Igualar-se à ciência não é ser uma ciência — há textos onde encontramos afirmado por Lacan que a psicanálise é uma ciência, que é preciso elevar a psicanálise a uma ciência. Não é isso que ele está dizendo, ele está dizendo "ela se igualaria à ciência", ou seja, quer dizer que ela faria uma operação homóloga à da ciência, ou seja: garantiria um saber, mas não idêntico, e isso não necessariamente a tornaria uma ciência. Em que poderia ela se igualar à ciência sem ser uma, não sem ser uma — sou eu que o digo — no contexto em que este texto se insere? Bem, a resposta está no termo "demonstrar", demonstrar que essa relação é impossível. Então, ela "se igualaria" é um subjuntivo, um subjuntivo é um modal — condicional, sim —, de todo modo, é uma modalidade. Surge aí uma questão: como se pode demonstrar em psicanálise? Trata-se de demonstrar no aparato teórico da doutrina ou trata-se de demonstrar em cada análise? Bem, eu já me expressei sobre isso em outro lugar, algum tempo atrás. A questão se coloca, isso é um convite feito aos analistas para que eles produzam — pois o texto termina em "os escritos a serem publicados" —, para que eles mesmos produzam escritos, escritos de doutrina que contribuiriam para demonstrar que essa relação é impossível?

---

[9] LACAN, Jacques. "A ciência e a verdade". In: *Escritos*. Trad. Vera Ribeiro. Rio de Janeiro: Jorge Zahar Editor, 1998, p. 869-892.

Não tem como contribuir para o saber, como vocês veem, sem essa relação com a escrita, então a sequência é contribuir para o saber, só se contribui com o saber passando pela escrita, não só passando pela verdade. E pela escrita se pode demonstrar. Tudo o que a ciência demonstra é demonstrado pela escrita, mesmo as ciências físicas o ilustraram com suas fórmulas e equações. Mas a questão se coloca, pois Lacan desenvolve, nos anos 1970-75 e seguintes, a afirmação de que algo se escreve em uma análise, que o escrito, isso não é somente do lado da escrita teórica, pós-analítica ou fora da análise, que o escrito é um efeito que se produz no discurso analítico, e o discurso analítico é cada tratamento. Todas as psicanálises, uma a uma, que pertencem ao discurso analítico. Assim, esta convocação do escrito, de demonstrar por escrito o impossível da relação, coloca a questão de como e onde se pode situar esta demonstração. Porque Lacan está dizendo aqui: seria necessário que cada analista, depois de sua análise, se torne uma espécie de teórico da psicanálise, que se colocasse — como ele teria dito em outra época, em 1967 — a pensar a psicanálise. Não é a mesma coisa fazer uma análise e pensar a psicanálise. Aí ele está nos dizendo: contribua para o objetivo da psicanálise demonstrando pelo escrito. Daí a questão que me coloco é: onde isso se dá? Nos tratamentos ou fora deles? Ou em ambos? Acho que o que se segue vai permitir avançar um pouco nessa questão.

Depois de ter posto o objetivo, demonstrar pelo escrito o impossível da relação — e aí está Lacan supereu da psicanálise, é Lacan estabelecendo objetivos para a psicanálise na civilização —, ele acentua o contraste com a verdade, eu já comecei a comentá-lo: a título da verdade, a relação não é nem afirmável nem refutável. Suspensão... e ele volta à sua tese de sempre, de que não há verdade que se possa dizer toda, "nem mesmo esta, já que esta não se diz nem mais nem menos"[10]. "Esta" se refere a quê? Esta, que não há verdade que possa se dizer toda. É uma verdade, mas, ela nós não a dizemos — "nem mais nem menos", *"ni peu ni prou"*[11], como Lacan diz em francês, com uma expressão que quer dizer "nem pouco nem muito", ou seja, de forma alguma. Ora, o próprio de uma verdade é ser dita. Como vocês resolvem essa contradição, que não é qualquer uma? Não a dizemos, essa verdade, porque a verdade não se diz toda, é inconclusiva, e dizer não toda a verdade seria uma conclusão de saber. Experimenta-se essa verdade na análise, não a dizemos no sentido de enunciado, experimentamo-la, e ela é significada pela série dos ditos analisantes que, em si mesma, não tem fim. Se não houvesse nada além dos ditos na análise, nunca a terminaríamos. E então esta verdade, é verdadeiro que ela não é dita, é tão verdade que ela não é dita, que levou Lacan, na análise, a formular que não há verdade que possa se dizer toda. Será que vocês leram isso de outra forma? Como vocês leram esta frase?

---

[10] LACAN, Jacques. "Nota italiana". In: *Outros escritos*. Trad. Vera Ribeiro. Rio de Janeiro: Zahar, 2003, 315.
[11] *Idem, ibidem.*

[Pergunta inaudível.]

Resposta: Podemos dizer a verdade em análise, só podemos fazer isso, ou quase, mas dizer a verdade não significa que saibamos a verdade. Ela é emitida, é significada pelo que é dito, mas efetivamente não é sabida. A gente fala a verdade, mas isso, que não existe verdade que se possa dizer toda, nós não a dizemos, nós não a dizemos pois isso seria um saber e nós só podemos dizer a verdade.

[Pergunta inaudível.]

Resposta: Lacan responde com muita precisão a pergunta com a frase "a verdade não serve para nada senão criar o lugar onde se denuncia esse saber"[12], ou seja, é a ideia de que, de fato, a verdade que só se diz pela metade, não diz, não produz nenhum saber sobre a relação sexual, nem a favor nem contra, mas ela cria lugar, pode-se dizer, à outra metade não dita. Já que se fala de uma verdade meio-dita, ela evoca o que não está dito, evoca o que resta a dizer. Criar o lugar é uma expressão que efetivamente indica que a verdade não faz, não fabrica saber, mas que está em conexão com o saber porque ela cava seu lugar. No fundo, os limites da verdade dão lugar ao saber. Aqui, o saber não é um saber qualquer, é o da estrutura. Há uma coisa que não se diz nisso tudo: onde colocamos o chamado saber inconsciente, esse que Freud produziu como saber

---

[12] *Idem, ibidem.*

inconsciente? Aí, é o saber da não relação, e daí seria preciso articular o saber inconsciente, inventado por Freud, e o saber da não relação: isso vem mais adiante no texto.

"Mas esse saber não é pouco"[13] — por que o "mas"? Ele nunca aparece por acaso no início das frases de Lacan. Acho que o "mas" se refere ao "lugar". Se tivermos apenas o lugar do saber, não temos o saber. Temos um lugar para ele, mas isso não nos dá ainda esse saber. Não devemos concluir disso que existe apenas seu lugar, que esse saber é inacessível, pois há o recurso possível à escrita. Ora, esse saber não é pouca coisa, eis a frase realmente difícil e de grande alcance: "Pois o que se trata é de que, acessando o real, ele o determina, tanto quanto o saber da ciência"[14]. Vamos passo a passo: saber "acessando o real". Quem acessa o real? O saber. Pode-se pensar que acessar é apenas descobrir o que estava lá. Mas o que está em jogo é que esse saber, acessando o real, o determina, esse real, tanto quanto o saber da ciência. Eis a homologia: a psicanálise se iguala à ciência se determina o real. Portanto, há um capítulo inteiro de epistemologia. É um capítulo do antiempirismo de Lacan, com certeza. Não há ciência que funcione pelo empirismo hoje em dia, isso já é ponto pacífico, não estamos mais na época dos ingleses do século XVIII. Mas o que ele chama de saber acessando o real? No que diz respeito à psicanálise, o

---

[13] *Idem, ibidem.*
[14] *Idem, ibidem.*

saber acede ao real, acho que podemos dizer sem risco de erro, quando é demonstrado, primeiro ponto, mas aqui se trata de demonstrar um impossível, o da relação. Demonstrar o impossível da relação faz aceder o saber ao real. Vejam bem, este parágrafo deve ser relacionado ao outro parágrafo que lemos no início, quando Lacan disse: "tudo permite supor [...] que não existe relação"[15]. A não relação suposta, se ela se torna uma relação demonstrada impossível, então trata-se do saber que acede ao real, no duplo sentido: é real e determina um real. Assim, percebemos como existe uma diferença entre o saber que podemos afirmar, mas que não é demonstrado, e o saber demonstrado. Essa diferença existe na própria experiência: quantas vezes dizemos "eu sei", mas não conseguimos demonstrar nada? Há uma pequena anedota muito bonita de Lacan sobre isso, que ele diz ter um certo peso para ele, é sobre sua irmãzinha Madeleine, dois anos mais nova que ele, ela está exatamente no terreno do saber afirmado e não demonstrado. Certo dia, não sei sobre que assunto, a irmãzinha lhe responde com toda a confiança: "Madeleine sabe". Dois anos e meio ou três! E o irmãozinho mais velho ficou bastante impressionado. A Madeleine sabia, mas supondo que soubesse alguma coisa, não o tinha demonstrado, e estávamos ali num registo de afirmação de saber completamente disjunto da exigência de saber demonstrado. Portanto,

---

[15] *Idem*, p. 314.

o saber acede ao real por meio da demonstração, demonstração que pressupõe a escrita. Acessando o real, ele determina esse real. Isso equivaleria a dizer que a não relação, desde que ela não seja demonstrada como saber, a não relação, ainda que se possa supor, só é determinada como real pela demonstração que completa a afirmação. Na ciência, quais são os exemplos que Lacan costuma usar? É a fórmula newtoniana, que não foi extraída da observação da natureza. A fórmula newtoniana, que é uma combinação de letras, uma vez demonstrada, em que sentido podemos dizer que ela determina o real? Então, obviamente, o primeiro caminho que se apresenta é dizer que determina pelo menos algo no real pelas aplicações que permite. Lacan cita a alunissagem, que é basicamente uma consequência do ato da simbolização correta, ou melhor, a simbolização correta é julgada pelo efeito do ato, o que deve nos levar a pensar a mesma coisa para a não relação: deve haver consequências de ato de sua determinação como real por sua demonstração.

Discussão

Gostaria de ouvir vocês, suas perguntas, suas associações com outros textos possivelmente. Parei por aí porque depois entramos em outro desenvolvimento, com a frase que segue e com a qual começaremos na próxima vez: "Naturalmente esse saber ainda nem foi para o forno. Porque é preciso inventá-lo".

[Pergunta inaudível.]

Resposta: O ponto ideal, sim, é um termo interessante, evoca antes de tudo o que ele chama de "ponto fora da linha" em outro lugar, que é um ponto que está de alguma forma em oposição à banda moebiana de todos os ditos. O ponto ideal é um termo da topologia ou da matemática. "Ideal" não tem a ver com os ideais, não é no sentido de "é um ideal que lhes proponho". Lacan não propõe um ideal, não é no sentido do imaginário, não é no sentido do ponto ideal imaginário, é no sentido topológico.

[Pergunta inaudível.]

Resposta: O ponto de fuga, o ponto fora da linha, isso sempre vai basicamente em direção a algo que não está presente nos ditos de verdade, mas estes ditos de verdade cavam esse lugar com a pergunta: o que é que vem neste lugar? Aí, ele nos diz: é o saber, é o saber da não relação.

Pergunta: Gostaria de saber se Lacan faz uso de teoremas da completude de Frege, já que a não relação sexual seria uma afirmação indecidível...

Resposta: A que parte de Frege você se refere? É de Gödel, creio eu. Não está exatamente no mesmo nível, pois em Gödel qualquer demonstração nos permite trinchar em sim ou não — a proposição pode ser considerada como válida — qualquer demonstração, todo sistema que é constituído por proposições demonstradas supõe proposições indemonstráveis. Isso é o que foi visto primeiro com o postulado de Euclides. Para Euclides, isso não era um postulado, isso apareceu como postulado *a posteriori*, que duas linhas retas não podem se cruzar. Ora, isso era a proposição indemonstrada e não sabida, de certa forma. Gödel, o que ele fez em particular, foi mostrar, e mesmo demonstrar, que toda demonstração remete ao indemonstrável. O indecidível é quando não se pode demonstrar nem o demonstrável nem o indemonstrável. É verdade que a expressão "nem afirmável nem refutável" evoca o indecidível, exceto que se coloca na conta da verdade. Na lógica de Gödel, não há verdade fora da proposição. É porque, na lógica, a verdade não fala, precisamente; a verdade, na lógica, ela se escreve, ela só se escreve a partir de uma letra. Então nós podemos dizer: existe uma homologia, soa um pouco parecido, mas na psicanálise nós lidamos com uma verdade que, antes, fala, talvez algo disso possa se escrever, isso é outra coisa, mas é uma verdade que fala, ela não demonstra; nem ela demonstra, nem ela refuta.

Pergunta: [...] me parece que o que deveria ser demonstrado é a impossibilidade de escrever a relação, não que não haja essa relação.

Resposta: Sim, mas o impossível de escrever é determinado, a relação sexual, como impossível. Quando ele diz "acessando o real", desde que se demonstre que ele é impossível de se escrever, é esse saber que faz a relação sexual impossível. É isso o que quer dizer, literalmente, é isso que o determina, esse real aí. É por isso que Lacan conecta a expressão "impossível de escrever" ao "não há". Ele mesmo se pergunta no seminário

Mais, ainda sobre a legitimidade desse salto: como se pode afirmar um "não há". Evidentemente, o que não está dito aí, que fica latente e que evoquei justamente na minha última aula, é que um "não há" está necessariamente correlacionado a um "há": é preciso que haja um "há" para que se possa dizer "não há". O que é que há? Há o Um fálico, há o um totalmente só, não há nada além do um. Não há relação, isso é solidário com o "há do um". Seria preciso lembrar disso quando formos nos perguntar exatamente como demonstramos a não relação pois, no fundo, demonstrar a não relação não se faria simplesmente às custas de escrever do um?

Pergunta: Pode-se supor que, como ao final da análise se descobre a verdade não-toda, nesse momento se pode demonstrar que não há relação sexual?

Resposta: Você parece supor que se a verdade pudesse ser dita toda, haveria relação sexual. Claro que sonhamos que ela diga a relação, sonharíamos que a verdade diga a relação: eu gostaria de poder dizer o que tu és para mim. Vocês sabem que em "Televisão" há: "eu não posso dizer o que és para mim"[16]. Claro que a verdade fala e se esforça para dizer "o que tu és para mim", ou seja, para dizer quem é o parceiro, o parceiro que faria a relação, de fato. Se pudéssemos dizer este parceiro,

---

[16] LACAN, Jacques. "Televisão". In: *Outros escritos*. Trad. Vera Ribeiro. Rio de Janeiro: Zahar, 2003, p. 527.

haveria uma relação dizível, a relação poderia ser dita. Mas, não preciso de anos de experiência para compreender que eu falo, eu falo, e isso é tudo que eu sei fazer, e que a última palavra da verdade que fala é que ela não tem a última palavra. Era o que eu dizia quando dizia que ela é inconclusiva, é mesmo assim uma experiência que os falantes têm e por isso têm um acesso, uma consciência possível desta verdade não-toda sem ter que chegar ao fim da análise e talvez mesmo sem ter que começar, é na língua, na linguagem, na leitura, na literatura, que se pode ter uma percepção disso.

Talvez haja duas teses de Lacan sobre isso: há uma primeira tese, bem escrita, bem depurada, que é a de que aquilo que se escreve na psicanálise, o que, da palavra que diz, se escreve — há algo que se escreve na psicanálise, isso é o que eu tentei explicar ultimamente, mais para recordar — o que se escreve, que é aproximadamente a função fálica, o um, o há do um, é isso que faz uma objeção à relação, e portanto ao escrever o um indiretamente, você demonstra a não relação. É o que Lacan diz textualmente no final da "Introdução à edição alemã de um primeiro volume dos *Escritos*": a contingência, a saber, isso que cessa de não se escrever, a função fálica do Um, demonstra o impossível da relação[17]. Então, sim, isso convoca o fim. Ele diz algo na linha de "uma demonstração, embora não seja melhor fundamentada". Existe a ideia de que é mesmo uma demonstração

---

[17] LACAN, Jacques. "Introdução à edição alemã de um primeiro volume dos *Escritos*". *Idem*, p. 556.

especial. Não é a demonstração lógica, é uma demonstração pouco fundamentada, mas vale por uma demonstração, é outro tipo de demonstração. Ela *vai se fazendo* durante a análise, a demonstração. Por isso usei o gerúndio para exprimir isso que se escreve, porque o gerúndio indica insistência, o *work in progress*, não evoca o momento, o instante, não é a mesma temporalidade.

É pela demonstração analítica, especial, voltaremos a ela na próxima vez, tal como é, que a não relação é realmente determinada como não relação. A que isso corresponde, se buscarmos os antigos termos de Lacan? Tem a expressão que ele usa no resumo do seminário sobre "O ato psicanalítico", onde ele diz: a análise faz da castração sujeito[18]. Não é antes da análise, é através da análise que isso se faz. E a questão que se abre aí é: quais são as consequências, que tipo de consequências tem o fato de que a não relação seja determinada pela demonstração analítica? O que muda no campo da relação entre os sexos, no campo do amor, essa é a grande questão: quais são as consequências? Vocês observarão que é isso que ele estuda a seguir, pois ele acaba falando de amor.

---

[18] LACAN, Jacques. "O ato psicanalítico – Resumo do Seminário de 1967-1968". *Idem*, p. 376.

AULA 8

16 de junho de 2008

Hoje é nosso último encontro sobre este texto e falarei da continuidade da página 315 até o final. Da última vez comentei a frase anterior: "Pois o que se trata é de que, acessando o real, ele o determina, tanto quanto o saber da ciência", e continua: "Naturalmente, esse saber ainda nem foi para o forno. Porque é preciso inventá-lo". Vou ler imediatamente a frase seguinte porque ela nos dá os três termos que estão implicados no texto: "Nem mais nem menos: não se trata de descobri-lo, já que a verdade nele nada mais é do que lenha para o fogo — bem entendido: a verdade tal como provém da s... anagem [*f...trerie*] (ortografia a ser comentada, não se trata de bo...agem) [*f...terie*]"[1].

Obviamente, aí vemos que estamos numa problemática entre os três termos, bem conhecidos no ensino de Lacan, a verdade, o saber e o real. Este texto é muito difícil de penetrar, especialmente se não temos os textos

---

[1] LACAN, Jacques. "Nota italiana". In: *Outros escritos*. Trad. Vera Ribeiro. Rio de Janeiro: Zahar, 2003, p. 315.

que ele escreveu nas imediações. Portanto, começo pelo mais fácil: ele nos diz, o saber, é preciso inventá-lo, não o descobrir, "já que a verdade". Eu enfatizo esse "já que". A verdade, em geral, ideia que remonta Freud, pensa-se que a descobrimos, é mesmo a ideia freudiana, a verdade está recalcada... está aí em algum lugar. Lacan dirá, antes: ela está aí no lugar dos significados da cadeia. Está aí em algum lugar e trata-se de a fazer vir, descobri-la, trazê-la à consciência. Então, não se diria: a verdade se inventa. O saber se inventa e devemos tentar compreender o porquê, qual é a base desse dizer de que o saber se inventa? A verdade, lenha para o fogo, imagem curiosa. A lenha, claro, serve para fazer o fogo, mas não sei de onde ele tirou essa imagem. Lenha para o fogo por quê? Para qual fogo? Obviamente, é lenha para inventar o saber. Para a invenção do saber, passamos pela verdade. Por isso, aliás, repito muitas vezes, ele procedeu a uma redução da verdade, a uma desvalorização da verdade, face ao saber e ao real. No entanto, isso não significa que se possa conceber uma psicanálise que curto-circuite a verdade. Atenção, acredito que esse seja um ponto muito importante na época atual, uma vez que escutei alguns colegas dizerem que vão direto ao real. Em todo caso, se eles vão aí não é na psicanálise, pois na psicanálise, para ir ao que há de real — o isso que se pode situar como real em um sujeito que fala — é preciso passar pela verdade. E a verdade, enquanto ela é sempre a verdade subjetiva, não é o saber, uma verdade não é objetivada. Podemos descobri-la, capturá-la, percebê-la, mas ela vale para um, não para trinta e seis.

F...trerie vs F...terie

Lacan continua "Bem-entendido: a verdade tal como provém da *f..trerie* (ortografia a ser comentada, não se trata de *f..terie*)[2]". Gostaria de comentar esta frase. Eu já a ouvi ser comentada antes, mas num sentido contrário do que eu digo. Se olharmos os dicionários, nem todos são tão prolixos, obviamente quando dizemos "a foda", "*la foutre*" não estamos sendo muito elegantes... É exatamente disso que se trata, trata-se de relações carnais. O que é engraçado é que o verbo "*foutre*", "foder", conjuga-se "eu fodo, tu fodes, ele fode, nós fodemos, vós fodeis...", "*Je fous, tu fous, il fout, nous foutons, vous foutez*...", ou seja, a conjugação suprime o "r" de "*foutre*"; "*que je foute*, que eu foda, *que tu foutes*, que tu fodas, *que je foutisse*, que eu fodesse". Esse último é uma espécie de tempo verbal que ninguém mais usa em francês. Existem derivações, "foda-se, *s'en foutre*", "ir se foder, *aller se faire foutre*", vocês veem toda a série de derivações. Além disso, dizemos "*la foutre*", substantivo, para designar a semente masculina. Quanto à "foda", "*la fouterie*", um parágrafo sobre "*la fouterie*" no *Trésor de la Langue Française* diz: primeiro sentido, atual, é a ação de foder, ou seja, sinônimo de foda, mas substantivado. Mas em outro significado, o significado envelhecido, diz o dicionário, "*la fouterie*" designa tolice, estupidez,

---

[2] LACAN, Jacques. "Nota italiana". In: *Outros escritos*. Trad. Vera Ribeiro. Rio de Janeiro: Zahar, 2003, p. 315.

besteiras, dizer besteira é dizer "*fouteries*", se refere a coisas que são ditas. Dizemos: "fouteries *mises à part*", "besteiras à parte", "piadas à parte". Assim, "*la fouterie*", em seu sentido pouco usado hoje, refere-se ao blá-blá-blá — e não o contrário. Portanto, ficamos obviamente surpresos com o que diz o texto, se tomamos "*foutrerie*" e "*fouterie*" assim, ficamos surpresos porque ele nos diz: a verdade tal como provém da "*foutrerie*", ou seja, do fato de foder e não da "*fouterie*", do fato de dizer besteiras — ficamos surpresos. Daí a possível má interpretação de leitura, pois estamos tão acostumados a ouvir de Lacan dizer: "eu, a verdade, falo", eu a verdade tagarelo, eu falo besteiras, que temos a ideia de que a verdade, ela deveria ser colocada do lado de "*fouterie*". Vocês me acompanham? Mas ele a coloca aí do lado da "*foutrerie*", do ato carnal do qual procede. Muito bem, por quê? Eu me explico assim: há a verdade que fala no ensino de Lacan, ela é bem conhecida, e depois há o que ele chamou de hora da verdade. A hora da verdade é quando a verdade passa ao ato. E, assim, na hora do ato, na hora da "*foutrerie*", não se trata mais de causar, se trata de ver se a verdade pode passar ao ato. Acredito que, quando ele diz que procede da "*foutrerie*", significa que é no nível da relação sexual que tudo o que se pode tagarelar e dizer é julgado em ato. Isso me parece uma tese muito razoável. Efetivamente, há distinção entre "*foutrerie*" e "*fouterie*", entendemos que ele diz que é preciso comentar a ortografia pois implicitamente existe aí uma dupla face da verdade — ainda que Lacan não o diga assim —, a distinção "*foutrerie*"/"*fouterie*" trata da dupla face da verdade, a que tagarela e a que passa ao ato ou não. Aí está o que implica, no fundo, a distinção entre os dois termos, *"foutrerie"* e *"fouterie"*. A verdade procede da *"foutrerie"*, lenha de fogo para... o saber. Ela nos dá apenas isso, não nos diz nada sobre o saber e sobre o real, exceto que... a verdade, no fundo, inclusive aquela do ato sexual — lenha para fogo digamos —, ainda são as preliminares. Temos apenas a ideia, emprego este termo fora de seu significado usual na psicanálise.

Inventar, inventariar o inconsciente

Desço mais um parágrafo e depois volto a subir: "O saber do inconsciente designado por Freud". Aqui se trata de uma coisa precisa, ele não está falando do saber da teoria, ele está falando do saber do inconsciente. "O saber designado como inconsciente" — aí ele não está se dirigindo aos psicanalistas para que eles inventem —, ele nos diz: "é o que o húmus humano inventa para sua perenidade de uma geração à outra [...]"[3] a frase continua, mas eu paro aí. Ora, esse saber que se trata de inventar soava como um imperativo algumas linhas antes, um imperativo que aparentemente era dirigido aos analistas, e então, de repente, há um salto que consiste em nos dizer que, no fundo, os humanos são todos inventores, que o que Freud chamou de inconsciente, já é em si uma invenção. Primeira observação: não estamos mais no imperativo, estamos

---

[3] *Idem, ibidem.*

na afirmação de uma tese. Húmus humano: o húmus é o solo, é mais precisamente o adubo, é o que se forma à superfície do solo e em contato com o elemento heterogêneo que é o ar, e o húmus, para mim em todo o caso, obviamente evoca o que Lacan disse da linguagem, que é um enxerto de certa forma enxertado no vivo, enxertado nas necessidades do vivo e que transforma o vivo. Com esta palavra, "húmus" — que evoca o vocabulário da natureza justamente porque no texto subjacente está a ideia do *falasser*, que não é o sujeito, que é justamente da ordem do húmus —, estamos no tema daquilo que foi transformado em suas necessidades, em sua naturalidade, pelo cancro linguageiro. "Ele inventa para sua perenidade de uma geração a outra". Não há mistério nessa expressão, creio. Ela significa: ele o inventa para se reproduzir. É uma evocação da reprodução. Estamos no tema da função do inconsciente, não só no nível da foda, "*la foutre*", no nível da verdade da foda, "*la foutrerie*", mas no nível das consequências reais da foda a "*foutrerie*": a reprodução dos corpos e das gerações.

Lembrem-se de que Lacan evocou a árvore genealógica, o que passa de geração em geração. Então, por que dizer que o inconsciente, na medida em que preside aquilo que leva os corpos a acasalar, com efeitos de reprodução, por que dizer que ele é inventado? O que fundamenta a afirmação? Ninguém tem esse sentimento, eu digo, porque o saber do inconsciente, por definição, é um saber insabido. É só depois de todo o trabalho de decifração iniciado por Freud que se pôde formulá-lo como saber e apenas em função do processo. O que justifica dizer: ele se inventa?

Ele é inventado pelo húmus humano. Se não tivéssemos outros textos de Lacan em torno disso, talvez ficássemos na perplexidade. Obviamente, não poderíamos ter dito isso no início de Freud, acho que podemos dizer isso no final de Lacan, não exatamente no final, mas não muito longe do fim, porque a referência implícita é, lembrem-se do que ele mencionou antes, o "não há relação sexual". Há a "foda", a sacanagem, *foutrerie* em ação, mas não há relação sexual. Portanto, o "não há relação sexual" de Lacan é uma foraclusão, um furo na linguagem, um lugar vazio na linguagem. Finalmente entendemos o termo "invenção" aplicado ao inconsciente, é o que supre, podemos usar a mesma palavra que para psicose, a foraclusão da relação. É mais precisamente o sintoma, como aparelho linguageiro para aparelhar a sacanagem, que, embora não haja relação, permite o ato. Podemos dizer "invenção", porque uma invenção, a definição de uma invenção, é fazer vir alguma coisa onde não havia nada. Não qualquer coisa: para se falar em invenção, faz-se necessário haver uma referência à linguagem, isso faz surgir uma formação da linguagem lá onde faltava a formação da relação sexual, e, nesse sentido, é uma invenção. Isso não transforma o sujeito em inventor. É uma invenção da qual se poderia dizer, no limite, que o sujeito a padece: ele cai sob o golpe de uma invenção dita "do inconsciente". Cada sujeito cai sob o golpe desta invenção, caso contrário não entenderíamos por que ele sofreria de um sintoma que é útil. Poderíamos desenvolver o tema da utilidade do sintoma, no sentido de valor de uso, mas este não é o sentido comum da palavra sintoma.

Esse saber inconsciente tem um valor de uso, não tem valor de troca porque, precisamente, o inconsciente é individual, quaisquer que sejam suas dependências em relação ao discurso comum. Um inconsciente é sempre para um, e não para trinta e seis. Nesse sentido, o inconsciente não tem valor de comunicação, mas ele tem valor de uso para o *falasser*, já que, basicamente, o sintoma é um aparelho de extração de gozo, gozo às vezes desagradável, mas que ainda é gozo.

Portanto, é o saber inconsciente depositado no sintoma que supre a falta da relação. "É o que o húmus humano inventa para sua perenidade"[4]. Não é o sujeito que inventa, isso se inventa entre a fala e a linguagem, "de uma geração a outra e agora que foi inventariado, sabemos que isso dá provas de imaginação desvairada". "Inventariar" é uma palavra interessante, ele emprega depois de inventário, não é exatamente a mesma coisa. "Inventariar" está próximo de catalogar, a *inventariorização*, não creio que exista esta palavra para a ação de "inventariar". O inventário estabelece o número dos elementos em um estoque. Quando dizemos "inventariar", parece-me que há uma nuance que incide não no número de elementos, mas na sua natureza. Estamos tentando saber que tipos de elementos estão aí. O que inventariamos do saber inconsciente? Lacan nos diz: agora está feito, inventariamos e "sabemos que isso dá provas de imaginação desvairada". Isso já significa uma pobreza;

---

[4] *Idem, ibidem.*

falta de imaginação que não deixa de evocar, enfim, para mim, mais uma observação de Lacan ao constatar que a psicanálise nem ao menos foi capaz de inventar uma nova perversão, um novo modo de gozar. Assim, o que é que foi inventariado no saber freudiano que Lacan coloca ali na conta do imaginário? Já inventariamos as figuras do casal, e é mesmo de uma pobreza... já que as figuras do casal na psicanálise referem-se diretamente à figura do casal originário, o papai e a mamãe, ou os substitutos, e depois alguns outros casais no entorno. Aí, de fato, vê-se que não fomos longe demais na imaginação, temos o casal original e depois os casais derivados no imaginário em oposição ao casal que vamos chamar "da realidade".

Mas, de fato, o casal original, no nível da foda, é o casal da cena primitiva. Lembrem-se de "Lituraterra", eu a comentei este ano, sob a ponte Mirabeau corre a cena primitiva[5]. A cena primitiva é uma imaginação de cópula parental que, aliás, foi Freud quem descobriu — não foi Lacan quem descobriu isso. Ele as chamou de "teorias sexuais infantis", que são as teorias primitivas do que é uma foda, e com essa característica — eu desdobro algo que o texto envelopa, que ele não desenvolve mas que está latente — com que Freud logo se deparou: a de que, a criança, ela também carece terrivelmente de imaginação, pois as teorias sexuais infantis são teorias que imaginam o coito parental em função das pulsões

---

[5] LACAN, Jacques. "Lituraterra". *Idem*, p. 23.

parciais cujas satisfações o sujeito já experimentou. É assim que ele inventa um coito oral, eventualmente um coito anal, um coito sádico, porque já experimentou essas pulsões. Vocês sabem, Lacan tem uma definição muito bonita do que é a experiência, ele diz: a experiência é o que não se imagina. Precisamente, a criança, com suas teorias sexuais infantis, podemos dizer que ela imagina um coito, mas a imaginação é muito curta, pois ela imagina com o que experimentou, ou seja, as pulsões parciais. Acredito que é a isso que Lacan faz alusão quando diz: inventariamos o que permite suprir a relação sexual. No fundo, é isso o que se escreve com os dois termos: pulsão parcial e falo. Isso foi de fato inventariado na psicanálise, e não por Lacan, foi inventariado por Freud, no tempo de Freud.

Há alguma pergunta?

Françoise Gorog: Gostei dessa forma de referir a verdade não ao blá-blá, mas à *"foutrerie"*, a expressão "hora da verdade". Minha questão se coloca aí porque, em não sei qual seminário, Lacan fala da posição feminina como suscetível de localizar a disjunção entre semblante e gozo. Não sei se você percebe a que frase estou me referindo. Trata-se dessa hora da verdade para o homem, o que coloca a mulher na posição de ser a única que pode dizer da disjunção entre a hora da verdade, no sentido do ato, e o gozo e a verdade do lado do blá-blá — do lado do semblante fálico, portanto. Não sei se entendi, e como você trouxe muitos elementos que vão nesse sentido, se puder comentar um pouco sobre essa frase...

Resposta: Obrigado por sua pergunta que permite desenvolver um pouco mais. À oposição entre *"foutrerie"* e *"fouterie"*, pode-se dizer que você tem razão de introduzir esses outros termos, que fazem uma oposição ato e palavra, e, portanto, por derivação, entre gozo e semblante. *"Fouterie"* é tudo o que é da ordem da palavra, refere-se ao semblante, e o gozo, refere-se antes ao real, mesmo se os dois estão imbricados. Como desenvolver a questão da posição diferencial de homens e mulheres? — há uma posição diferencial, isso me parece muito perceptível. Sempre me diverti muito com isso que eu chamaria de "ironia feminina". A ironia é um sentimento que pode estar em todos, neuróticos, psicóticos, mas existe uma certa ironia feminina que é perceptível nas discussões entre mulheres, somente entre mulheres. É muito curioso, as mulheres, elas adoram que lhes falem, elas adoram o blá-blá, elas querem um pouco de conversa fiada porque, como diz Lacan, o gozo, para uma mulher, isso não vai sem dizer; para um homem, isso pode ir sem dizer, ele se contenta com seu gozo. As mulheres, de um lado, elas exigem *"fouterie"*, não gostam de serem fodidas e, logo em seguida, acabou, adeus. Elas esperam mesmo que o homem sacrifique um pouco ao semblante, justamente, que eleve a parceira ao valor fálico. É um grande eixo da clínica feminina e da demanda feminina. Tudo bem, mas ao mesmo tempo, talvez por simplesmente ser mulher, qualquer que seja o lugar que a tomemos nas fórmulas da sexuação, como ela poderia não saber, mesmo assim, que a punção da verdade não está no dizer, que não está no semblante? A punção da verdade — para não dizer o ponto de estofo —, há uma punção da verdade no ato. Claro que as mulheres o sabem, pois elas o experimentam, elas o sofrem eventualmente de duas maneiras: elas o sofrem quando só há gozo e não o semblante, e quando há apenas o semblante e não o gozo. Neste último caso, há a dupla ocasião de perda ou decepção. Acredito que de fato haja uma experiência dessa disjunção no encontro sexual, que é particularmente experimentado pelas mulheres. Os homens, ao contrário, também encontram essa disjunção, mas só a encontram de uma maneira: é na impotência. Eles a encontram quando sua palavra, a *"fouterie"*, não consegue encontrar a *"foutrerie"*. Essa preocupação é muito importante na clínica masculina.

Então, continuo: "Só é possível ouvi-lo mediante o benefício desse inventário"[6]. Lacan homogeneíza nesta frase inventariar e inventário. O que só pode ser ouvido com o benefício deste inventário? Eis o benefício deste inventário: é poder "deixar em suspenso a imaginação que ali é curta, e pôr a contribuir o simbólico e o real que o imaginário aqui une (por isso é que não podemos largá-lo de mão)". Portanto, colocar o real para contribuir com o simbólico nos afasta um pouco de Freud. O que ele quer dizer com colocar o real para contribuir? — no que diz respeito ao simbólico, é isso que Lacan vem fazendo desde o início. Se nos

---

[6] LACAN, Jacques. "Nota italiana". In: *Outros escritos*. Trad. Vera Ribeiro. Rio de Janeiro: Zahar, 2003, p. 315.

referirmos às elaborações contemporâneas de 1973, data da "Introdução à edição alemã de um primeiro volume dos *Escritos*", que comentei na última quarta-feira, estamos em pleno momento de elaboração do que ele chama de real "próprio do inconsciente"[7]. O inconsciente real não é a mesma coisa. Em ambos os casos, há uma visada que vai além da verdade, que busca basicamente ir além do que é inventado pelo imaginário, para suprir a falta de relação sexual.

No fundo, se pensarmos bem, o benefício do inventário freudiano é bastante divertido. Uma vez feito, uma vez que você tenha entendido que realmente não vai longe, que a imaginação é curta, o benefício é que isso empurra, se posso dizer assim, para buscar outra coisa diferente do imaginário. Deixar o imaginário em suspenso não significa suprimi-lo, ele esclarece, deixá-lo em suspenso é tentar ver como, através do simbólico, podemos caminhar em direção ao real. E aí volto à frase que comentei um pouco da última vez, que antecede a que comento hoje: "Mas este saber não é pouco. Pois o que se trata é de que, acessando o real, ele o determina, tanto quanto o saber da ciência"[8]. Poder-se-ia, pela comparação com a ciência, comentar

---

[7] Nota da edição original: "Este é o único ponto pelo qual o discurso analítico tem que se ligar à ciência; mas, se o inconsciente atesta um real que lhe é próprio, aí se encontra inversamente nossa possibilidade de elucidar o modo como a linguagem veicula, no número, o real com que a ciência se elabora". LACAN, Jacques. "Introdução à edição alemã de um primeiro volume dos *Escritos*". *Idem*, p. 556.
[8] LACAN, Jacques. "Nota italiana". *Idem*, p. 315.

a fórmula de Newton: saber que acessa o real pelo escrito e que, uma vez escrito, determina o real do mundo físico, digamos. Quanto à psicanálise, também aí há uma tese implícita, já desenvolvida por Lacan, insuficientemente lida, creio, que ele formula de forma precisa, explícita, afirmativa, no final da "Introdução à edição alemã de um primeiro volume dos *Escritos*", sobre a relação entre a contingência e o impossível.

O contingente e o impossível

Qual é a ideia? A ideia é que o que está escrito da palavra analisante demonstra o que não está escrito. O que repetidamente, em uma análise, a partir da palavra analisante, se escreve, demonstra, ao longo do tempo — aqui, uma função do tempo —, demonstra o que não está escrito, a saber, a relação sexual impossível, o dois do sexo. O que se escreve a partir da palavra analisante é sempre o Um, só se escreve o um, escreve-se o Um fálico, a função fálica sinônimo de castração se escreve na análise, cessa de não se escrever, contingência. Assim, escreve-se o Um dizer do sujeito que sabe por si mesmo, e o um do objeto, que não é o parceiro, mas que é o parceiro fantasmático. Construir um fantasma, isso consiste em escrever apenas o um, não o dois, precisamente. Aí está o que se chama na psicanálise do saber acessando o real, é um saber que se escreve, que acessa o real ao se escrever. Estamos aí na ideia de que a psicanálise produz algo que não existia antes, não é apenas o retorno do passado.

O saber depositado — vou fazer ainda outra digressão —, depositado na língua, que se decifra parcialmente em linguagem, a partir de *lalíngua*, esse saber que estava lá, só acessa o real — aí está a construção de Lacan — a partir do momento em que algo se escreve sobre isso. Ao escrever a insistência do um, e somente do um, em todas as suas formas, demonstra-se o real do impossível da relação. É uma construção extremamente coerente de Lacan, que supõe apreender que na palavra, sob transferência, alguma coisa se escreve. Quanto mais a experiência analítica persiste, mais o um se torna presente em uma psicanálise. Assim, na sua análise, o sujeito pode chegar a algo como uma conclusão de impossibilidade. É diferente de uma conclusão terapêutica. Efeitos terapêuticos marcam a análise, é sempre da ordem do "eu posso lá onde antes eu não podia", isso é muito precioso, claro, faz muito bem ao sujeito que o experimenta e se beneficia, mas não são as conclusões terapêuticas que fazem a especificidade da psicanálise.

A especificidade da psicanálise é o seu fim, no duplo sentido de seu "término" e de seus "objetivos". Ela visa o real na forma de uma conclusão de impossibilidade. Pode-se dizer que aqui está um objetivo do dispositivo do passe: tentar detectar se o sujeito chegou a uma conclusão de impossibilidade e como a suporta. Esse saber da não relação acessando ao real pela escrita do Um determina o real da não relação, portanto, muda algo na relação entre os sexos. Nem sempre é tão fácil dizer o que é essa mudança, mas ao final Lacan nos diz o que é, possivelmente, quando fala de um amor mais digno.

"O saber que, acessando o real, o determina"[9], algo modifica ao nível de quê? Da *"foutrerie"/"fouterie"*. Assim, quando ele diz "pôr a contribuir o simbólico e o real"", ou seja, provar a impossibilidade da relação pela contingência do Um fálico, não é na teoria analítica que isso acontece. A teoria analítica apenas tenta dizer o que acontece em uma análise. Inventá-lo, fazê-lo acessar o real, portanto determiná-lo diferentemente, isso não teria sentido se não estivesse em jogo em cada análise, se estivesse em jogo apenas numa espécie de superestrutura teórica aplicada à análise. É por isso que falo de conclusão da impossibilidade no tratamento. Sua fórmula do "não há relação sexual" é construída a cada análise.

Lacan tem uma expressão divertida, ele diz: "tentar, a partir deles, que apesar dos pesares passaram por suas provas no saber, aumentar os recursos graças aos quais venhamos a prescindir dessa relação incômoda, para fazer o amor mais digno"[10]. Nota-se a modéstia da expressão "aumentar os recursos", não se trata de uma revolução, aumentar os recursos vindos do simbólico em direção ao real. Aumentar os recursos graças aos quais seria possível prescindir dessa relação. É mesmo notável que Lacan use a mesma fórmula que para o pai, prescindir dele. É exatamente a mesma fórmula que confirma que o "não há relação sexual" é uma foraclusão. Não há, é impossível, mas vamos prescindir dele graças ao simbólico que, ao

---

[9] "Mas esse saber não é pouco. Pois o que se trata é de que, acessando o real, ele o determina." *Idem, ibidem.*
[10] *Idem, ibidem.*

escrever-se, acessou o real. Quanto a esse recurso, Lacan nos dá a ideia que tem dele. Finalmente podemos prescindir da relação *"foutu"*[11], procurem no dicionário o que é *"foutu"*. Lacan emprega *"une foutue psychanalyste"*[12] em outros textos. Esse *"foutu rapport"* da *"foutre"*, essa "fodida relação" da "foda"... no texto, na verdade, a palavra é "incômoda" [*fâcheux*][13], essa "relação incômoda", fui eu que injetei o *"foutu"*, "fodida". É um lapso meu. Mas *"foutu"* e *"fâcheux"* estão na mesma série metonímica, vocês olhem no dicionário, essa relação incômoda, se conseguirmos prescindir dela, isso faz "o amor mais digno do que a profusão do palavrório que ele constitui até hoje — sicut palea."[14] Aqui estamos novamente neste *sicut palea* que encontramos nos pontos de viragem dos anos 1970.

O amor mais digno

Parece que o amor mais digno é o amor que renunciou à tagarelice, que renunciou à *"fouterie"*. Quanto ao *sicut palea*, esse é exatamente o veredicto, um dos veredictos

---

[11] Nota dos tradutores: no *Trésor de la Langue Française*, *"foutu"* pode ter a acepção de: 1) Arranjado, feito, mas não necessariamente bem-feito. 2) Chamado a desaparecer, a deixar de existir. É sinônimo de "condenado", "acabado", "perdido", "arruinado".

[12] Nota dos tradutores: Lacan utiliza a expressão *"une foutue psychanalyste"* em "Radiofonia". A expressão foi traduzida na edição em português da Zahar como "uma ti...ca [*f...ue*] de psicanalista". LACAN, Jacques. "Radiofonia". In: *Outros escritos*. Trad. Vera Ribeiro. Rio de Janeiro: Zahar, 2003, p. 441.

[13] LACAN, Jacques. "Nota italiana". *Idem*, p. 315.

[14] *Idem, ibidem*.

do final da análise, que Lacan põe em comparação com São Tomás: é que tudo o que já tagarelamos, no fundo, não vale mais que o dejeto real. Logo, um amor mais digno, já comentei bastante sobre isso, é uma nova definição de amor, creio que só existe uma, significa um amor silencioso, um amor que se recusa ao palavrório. Aí, portanto, no nível da relação homem-mulher, é a varredura feita em nome disso que há de real na relação, ou seja, o sintoma sobre todo o palavrório preliminar. Por isso digo que amor mais digno é um amor silencioso que recusa a mentira do "tu és minha mulher" [*tu es ma femme*]. O "tu és minha mulher", Lacan, acaba por situá-lo como uma mentira — isso não quer dizer que quem disse é um mentiroso, mas que seria inautêntico. Certamente é autenticamente verdadeiro, exceto que o "tu és é minha mulher" situa-se no nível de um simbólico que não acessou o real, uma miragem do imaginário.

Em "Televisão", Lacan diz: eu não disse logo o que deveria ter sido dito, "mate minha mulher", "*tuez ma femme*" — não escutem assassinar a parceira, mas assassinar o que, nesta frase, deixa pensar quem é a única. Essa é a mentira do "tu és minha mulher": entre o homem e a mulher há aí a objeção do objeto, eu diria a objeção do real. Vocês dirão então: se nós retirarmos a "*fouterie*", se retirarmos o que havia aí de acordo com "tu és minha mulher", o que sobra? Obelisco e Me-belisca estão num barco, Obelisco cai na água, quem sobra? Sobra Me-belisca. Assim, só sobra a "*foutrerie*". Lacan seria um troglodita?! Não, não creio, mas há uma tese sobre o que institui uma mulher como mulher na relação sexual.

O "tu és minha mulher" é uma fórmula para a instituição do parceiro no simbólico com a dimensão do pacto etc. Suprimam o pacto e não há efeito no nível da relação sexual. É por isso que pude desenvolver que não há contrato sexual possível, só há contrato no campo social. E não há contrato de um sujeito consigo mesmo, porque ele pode se comprometer com tudo o que quiser, exceto com seu gozo sexual. O que é instituinte, então, se não for simplesmente no nível do pacto da palavra? Acredito que em Lacan haja a ideia de que o que é instituinte é o desejo e o gozo que ele condiciona.

Um amor não digno, vamos procurar um exemplo de um amor que poderia ser descrito como não digno. Ele mesmo não disse, de forma explícita, mas sou eu que o li assim e extraí: é o amor de Joyce por Nora. Quando ele diz de Nora, ela é uma mulher eleita, ela é a única para Joyce, poderíamos dizer, essa é a instituição maior, mas infelizmente ele acrescenta que ela é uma mulher que não serve para nada. Eis a ideia de Lacan: é uma mulher que serve para sustentar o desejo, mas essencialmente, no fim, o gozo, o gozo de um homem ao qual ela pode consentir ou não, isso diz respeito a ela, é um outro caso! A instituição do objeto feminino pelo significante fálico do desejo é um extrato do ensino de Lacan que não é recusado aqui, mas o que se acrescenta aí é a instituição pelo sintoma de gozo, ser sintoma de gozo para um homem, como ele o formula em outro lugar. E ele desenvolve esse ponto de forma muito explícita, precisamente em suas conferências sobre Joyce. Creio que é isso que ele nomeia "amor mais digno", é um amor, digamos assim, mais real, silencioso, menos viciado nas mentiras das promessas e palavras bonitas, o que não impede que o parceiro tenha seu preço, seu preço como objeto de desejo e objeto de gozo. Acredito que isso é o que Lacan chama de amor mais digno.

"Encontrem-me um analista desse gabarito"

Em seguida, há um salto, há dois saltos que se respondem neste texto. Pouco antes Lacan se dirigir aos analistas dos quais depende a sobrevivência da psicanálise; então, de repente, ele faz um salto, ele passa para o lado do húmus humano, que inventa o saber inconsciente, e nos explica que, com uma análise, poderíamos prescindir de acreditar na relação sexual, que ela não reduziria, não seria menos agradável do que antes, isso não reduziria as possibilidades da relação sexual, pelo contrário, daria um pouco mais de peso. Interesse de chegar ao final de uma análise, portanto. E então, de repente, ele dá um salto, ele refaz um salto, em direção ao analista: "Encontrem-me um analista deste gabarito", um analista suposto sair do tratamento do qual acabamos de falar, que teria conseguido prescindir dele para fazer o amor mais digno. "Encontrem-me um analista deste gabarito", isso se endereça aos italianos. Vocês querem uma Escola — atenhamo-nos ao texto —, muito bem, vamos lá, aliás, pelo passe, vejamos se vocês encontraram um. Aí está, Lacan chega a esta conclusão: "um analista desse gabarito, que assente o treco/truque [*truc*]" — é o treco da relação entre os sexos, no seminário *Mais, ainda*, ele usa também "o truque [*truc*] analítico não será matemático" — "em outra coisa que não um *organon* esboçado", o *organon* esboçado pertence então mais ao imaginário, um *organon* que foi um pouco mais longe do que o *organon* que Aristóteles imaginou no início de sua obra lógica. Lacan nos fala de um *organon* um pouco mais longe do que o esboçado, um *organon* que se poderia dizer que chegou às conclusões.

Passamos às suas perguntas, ainda temos alguns minutos. Cheguei ao final deste texto, no que me diz respeito.

Pergunta: Pode-se pensar que a conclusão de impossibilidade está perto o suficiente da castração subjetiva?
Resposta: Sim, sem dúvida. As expressões sempre se prestam a mal-entendidos: ter chegado a uma conclusão de impossibilidade, isso não quer dizer que o sujeito vá proferi-la. A conclusão de impossibilidade, na medida em que ela se extrai da escrita do Um, pode-se dizer que ela se infere, na prática que, diz Lacan, da castração faz sujeito. Isso quer dizer que, antes da análise, a castração não é sujeito, ela é imaginária. É apenas na análise, no fim, que ela se torna real de fato. Por isso, não esqueçamos que, no início, nós o havíamos comentado, há o horror de saber. Por quê? Porque o saber do Um é o saber da castração. O horror!

Pergunta: [...]
Resposta: Ele está falando disso que uma análise pode produzir em termos do real. É o que ele chama, na "Introdução à edição alemã de um primeiro volume dos

Escritos", de um real próprio ao inconsciente[15]. Há um real próprio do inconsciente, é o impossível da relação. Não estamos falando aqui do inconsciente real, estamos falando do real próprio do inconsciente ao qual conduz, portanto, uma análise, logicamente, quando vai além do que Freud inventariou como recurso imaginário. Então, Lacan diz: "Encontrem-me este analista". Não percam de vista que todos os seus aportes teóricos estão mobilizados em um contexto político de diálogo com os italianos onde ele está em vias de lhes dizer: se vocês quiserem uma escola, instaurem o passe e façam entrar na escola aqueles que o passe terá designado como analistas. Poderia se dizer que é de um maximalismo desmedido, mas ele diz "vejam se no passe vocês encontrarão um", no começo ele disse "sob o risco de que não haja nenhum". Talvez eles não encontrem nenhum. Um analista que por si mesmo, naquilo que testemunha de sua análise, consiga ligar o truque/treco, o truque/treco da "*foutrerie*" de sua relação com o homem ou as mulheres, segundo o sexo a que pertence, em algo diferente daquilo que o inconsciente freudiano esboça, o que foi inventariado por Freud que se situa no nível do imaginário — e de um imaginário,

---

[15] Nota da edição original: "Esse é o único ponto pelo qual o discurso analítico tem que se ligar à ciência; mas, se o inconsciente atesta um real que lhe é próprio, aí se encontra inversamente nossa possibilidade de elucidar o modo como a linguagem veicula, no número, o real com que a ciência se elabora." LACAN, Jacques. "Introdução à edição alemã de um primeiro volume dos *Escritos*". In: *Outros escritos*. Trad. Vera Ribeiro. Rio de Janeiro: Zahar, 2003, p. 556.

como ele diz, bastante curto. Por isso é necessário ir além do esboço do *organon* imaginário para um *organon* mais lógico.

Pergunta: É muito androcêntrico...

Resposta: No mesmo texto sobre Joyce, onde ele reespecifica qual é, segundo ele, a posição de uma mulher, que não é uma posição obrigatória para todas as mulheres, a posição de uma mulher deve ser o sintoma de um outro corpo, o que significa emprestar seu corpo ao gozo de um outro, emprestar o corpo feminino ao gozo do corpo masculino. E, para ele, uma mulher é um sujeito que aceita esse lugar sem que nada a obrigue a isso, pois em paralelo ele desenvolve que uma mulher histérica o recusa e não há o que denunciar.

Sexualmente, uma mulher heterossexual é por definição androcentrada, e por um bom motivo: é que para a foda [*foutre*], supõe o órgão. O fenômeno que prova isso de forma absolutamente importante é o estupro, apesar de todos os protestos da mulher, e isso é um fato que não se pode negar. Podemos ter outros erotismos, o erotismo lésbico por exemplo, mas tudo indica que a ele falta justamente o órgão da foda [*foutre*], daí os dildos, os apetrechos e, no final das contas, na maioria das vezes, a admissão de que não basta o órgão da foda postiço. É por isso que a história da psicanálise, desde que abordamos a questão da relação corpo a corpo entre homem e mulher, a psicanálise é necessariamente androcentrada. Que haja erotismo que não seja erotismo hetero, quem duvida? O próprio Freud descobriu isso muito cedo. Muitas feministas confundem esse androcentramento do ato heterossexual com o androcentramento do próprio discurso. Tudo indica que eles podem estar disjuntos, e o discurso da paridade homem-mulher como sujeitos está em andamento. Não impede que a função do órgão masculino, no nível do ato heterossexual, no nível da "*foutrerie*", não possa ser elidida, é um real. E que para removê-la, esta função, resta apenas subtrair-se à relação, é seu direito, algumas feministas o entenderam, Lacan também, ver "O aturdito"[16].

---

[16] Nota da edição original: LACAN, Jacques. "O aturdito". *Idem*, p. 448.

Este livro foi impresso em abril de 2024
pela Gráfica Paym para Aller Editora.
A fonte usada no miolo é Petersburg corpo 10,5.
O papel do miolo é Pólen Soft LD 80 g/m².